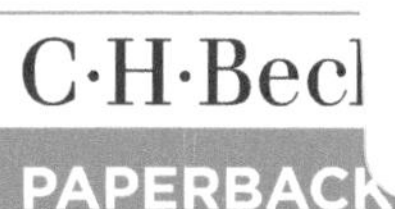
C·H·Bec
PAPERBACK

«Männer sind nicht dazu geschaffen, Frauen anzuziehen», glaubte Coco Chanel. Und so sah sie ihr Lebenswerk in Frage gestellt, nachdem Christian Dior 1947 zum Entzücken der Modewelt seinen *New Look* lanciert hatte. Chanel setzte alles daran, Dior das Zepter wieder zu entreißen und dessen einschnürende Kleider abzuschaffen. Dabei warb sie geschickt mit ihrer so schillernden wie anziehenden Person. Und bewies: Modedesignerinnen sind dann besonders erfolgreich, wenn sie sich zum Stilvorbild ihrer Kundin machen.
Mit diesem Rezept schafften es auch einige «geistige Töchter» Chanels, in die ursprüngliche Männerdomäne der Couture-Mode einzubrechen. Die wichtigsten Designerinnen – von Coco Chanel bis Miuccia Prada, von Madeleine Vionnet bis Stella McCartney – werden in diesem Band vorgestellt.

Die Autorin
Stefanie Schütte, geb. 1964, ist Modekorrespondentin der dpa und lebt in Hamburg. Bei C. H. Beck ist bisher von ihr erschienen: *Magisch angezogen* (1999).

Stefanie Schütte

Die großen Modedesignerinnen

Von Coco Chanel
bis Miuccia Prada

C.H.Beck

1. Auflage. 2005
2., aktualisierte Auflage. 2007

Originalausgabe

3. Auflage. 2019
Unveränderter Nachdruck

Wilhelmstraße 9, 80801 München, info@beck.de

www.chbeck.de
Umschlaggestaltung: malsyteufel, Willich
Umschlagabbildung: Coco Chanel, Foto Man Ray © Man Ray Trust, Paris/VG Bild-Kunst, Bonn 2005
Satz: C.H.Beck.Media.Solutions, Nördlingen
Druck und Bindung: Druckerei C.H.Beck, NördlingenGedruckt auf säurefreiem und alterungsbeständigem Papier
Printed in Germany
ISBN 978 3 406 73713 8

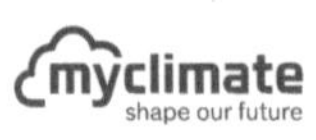

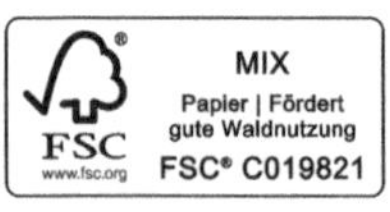

verantwortungsbewusst produziert
www.chbeck.de/nachhaltig
produktsicherheit.beck.de

Großer Gott, die Weiber kommen. Die blöden Hühner haben doch keine Ahnung. Sie können nur Mode machen, die ihnen selbst steht.

Louis Féraud

Inhalt

I. Einleitung

Eingezwängt! Mr. Pearl und die Frauen

Mr. Pearl besitzt eine Taille, die Scarlett O'Hara vor Neid erblassen ließe. Wo die Romanheldin aus dem Historienschinken *Vom Winde verweht* sich bis zur Ohnmacht schnüren lassen muß, kann der südafrikanische Exzentriker locker bleiben. Der in England lebende Korsettmacher erreicht 45 Zentimeter ohne Atemnot – eigentlich bräuchte er die äußere Einbindung gar nicht mehr. Mr. Pearl fertigt Modelle für Modehäuser der Luxusklasse wie Dior oder Vivienne Westwood, Givenchy oder Gaultier. Doch schnüren seine Grätengerüste für Couture-Roben eben nicht nur Frauenleiber ein. Mr. Pearl ist einer der wenigen Herren der Kostümgeschichte, die selbst regelmäßig in ein Korsett steigen. So regelmäßig, daß seine «natürliche» Anatomie sich inzwischen der «künstlichen» Hülle perfekt angeglichen hat.[1] Und damit repräsentiert dieser Bändiger des Bauches auch eine Art ausgleichende Gerechtigkeit des modischen Schicksals.

Noch heute kleiden überwiegend Männer Frauen ein, obwohl sie anders als Mr. Pearl ihre Kreationen nie am eigenen Leibe ertragen müssen. Bei beinahe zwei Drittel der 93 bei der zuständigen Pariser Kammer (bzw. Chambre Syndicale) verzeichneten Designermarken verantwortet ein männlicher Modemacher die Kollektionen. Ein Teil des Restes entsteht in «gemischten» Teams, so daß den Frauen als Chefdesignerinnen nur etwas über 20 Prozent der gesamten Modekreationen bleiben. «Männer

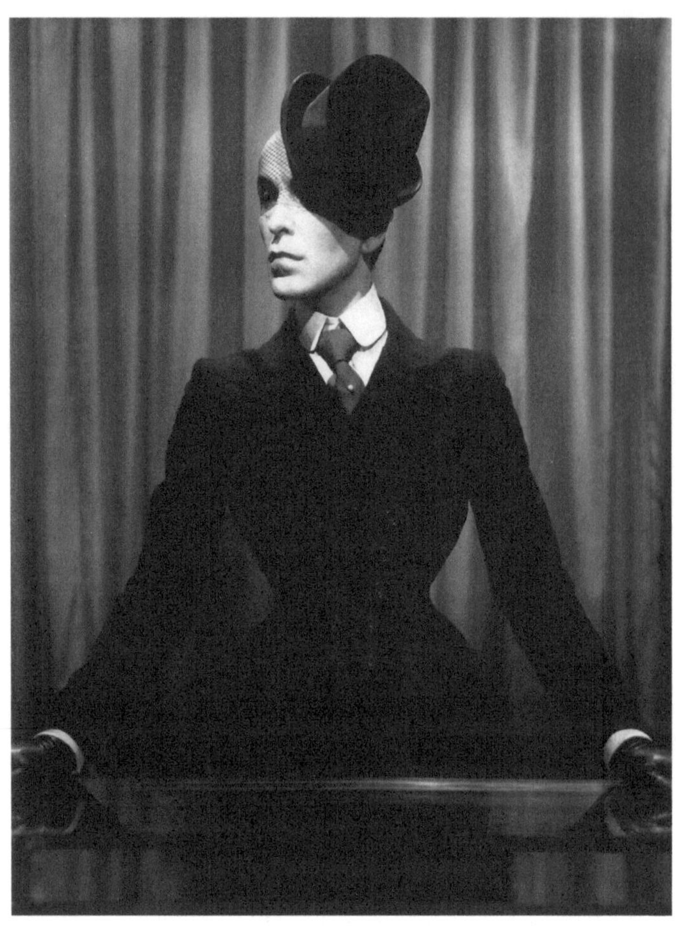

Der Korsettmacher Mr. Pearl trägt seine Kreationen selbst. Durch die stete Einschnürung hat sich seine Körperform dem Korsett nach und nach angeglichen.

dominieren die weibliche Mode», schrieb die amerikanische Modehistorikerin Valerie Steele 1991 und führte eine Studie an, der zufolge nur 35 Prozent der bekannten Designer des 20. Jahrhunderts Frauen waren, denen 65 Prozent männlicher Kreateure gegenüberstanden.[2] Doch gerade weil Männer die Entwürfe nicht selber anziehen müssen, machen sie manchmal für Frauen schier unerträgliche Kleider. Üppige Roben mit prunkvollen Verzierungen, die eher Theaterkostümen als modernen Outfits gleichen. Wer möchte beispielsweise schon in einem John-Galliano-Kleid an einer wichtigen Konferenz teilnehmen? Oder in einem der zarten Elfengewänder, die der junge hochbegabte Olivier Theyskens entwirft? Wie modern und frauengerecht wirkten dagegen die Kollektionen von Phoebe Philo für Chloé, die Frauen durchaus Sexyness und Verspieltheit zugestehen und doch für Alltägliches taugen. Natürlich gehört zur Mode die Lust an der Selbstinszenierung und Übertreibung. Und natürlich wäre es ein Jammer, wenn es keine Designer gäbe, die simple Klamotten zu filigranen Kunstwerken erheben. Auch käme es einer groben Übertreibung gleich zu behaupten, daß nur weibliche Designerinnen körper- und bewegungsfreundliche Teile schneidern. Giorgio Armani und Yves Saint Laurent sind berühmte Gegenbeispiele der jüngeren Modegeschichte.[3] Und auch aktuelle Prêt-à-porter-Designer wie Tom Ford, Michael Kors, Marc Jacobs oder Albert Kriemler von Akris räumen dem Wohlgefühl ihrer Kundin oberste Priorität ein. Dennoch liegt es in der Natur der Sache, daß Frauen, die sich als Designerinnen die Kleider gleichsam auf den eigenen Leib schneidern, weiblichen Bedürfnissen leichter gerecht werden als Männer. Ein Designer wie der Amerikaner Oscar de la Renta würde diesem sofort widersprechen. Er meint, männliche Designer von Frauenkleidung seien objektiver als weibliche. Schließlich neigten die weiblichen Designer dazu, zunächst und vor allem für sich selbst zu entwerfen.[4] De la Renta kehrt hier den eigentlichen Vorteil einer Modeschöpferin ins Gegenteil um. Er selbst gilt als Meister opulenter Abendroben und entspricht eigentlich eher dem bis heute gültigen Bild des männlichen Modeschöpfers, der weiß, was Frauen lieben – des Modediktators. Diese nach wie vor in unsere Kultur eingeschriebene Vorstellung wurde maßgeblich von dem ersten echten Designer der Kostümgeschichte geprägt: Charles Frederick Worth, dem Begründer der Haute Couture.

Ideengeschichtlich fußt sie auf dem Künstlerbild der Romantik und dem hierzu gehörenden Gedanken genialer Eingebung.[5] Weibliche Designer müssen sich nach wie vor an diesem männlich geprägten Bild messen lassen. Nun möchte dieses Buch nicht darüber urteilen, ob Männer oder Frauen die besseren Designer sind.[6] Das wäre ebenso vermessen wie vergeblich. Es soll nur anhand der Lebensläufe verschiedener Designerinnen gezeigt werden, daß Frauen dann besonders erfolgreich Mode entwerfen und auch verkaufen können, wenn sie sich selbst zum Vorbild ihrer Kundin machen, gleichsam zum eigenen Markenzeichen. So spielen sie den einzigen Vorteil aus, den sie männlichen Designern gegenüber besitzen: daß sie ihre Kleidung am eigenen Leib erproben, als erstes Modell ihrer Kreationen agieren können. Coco Chanel war die erste Designerin, die dieses Plus erfolgreich einsetzte. «L'Élegance, c'est moi», pflegte sie zu behaupten.[7] «The essence of the Chanel Look was Chanel herself», schrieb die amerikanische *Vogue* über die große Mademoiselle[8] und übersetzte damit den Gedanken, daß der Künstler sich zum Produkt seiner selbst machen müsse. Modemacherinnen späterer Jahrzehnte haben diese Devise ähnlich erfolgreich umgesetzt. Jil Sanders Karriere erhielt einen ungeheuren Schub, als sie Ende der 70er Jahre für ihre Kosmetik mit dem eigenen Antlitz warb. Sonia Rykiel entwarf ab 1962 Mode für sich selbst – Schwangerschaftskleider – und danach auch für andere. Auch Donna Karan setzte sich immer wieder in den eigenen Entwürfen in Szene und stilisierte sich damit selbst zum Bild der modebewußten Businessfrau, das zum Schlüssel ihres Erfolgs werden sollte. Miuccia Prada ging sogar so weit, sich in einer vieldiskutierten Modereportage im Jahr 2000 vollkommen alleine vor einem Spiegel ablichten zu lassen, als es darum ging, Designer und ihre Musen darzustellen. Die Deutsche Gabriele Strehle hielt sich lange im Hintergrund und präsentierte ihre Entwürfe unter dem auf ein Designerteam verweisenden Namen «Strenesse Group». Nach ihren ersten Schauen im Modemekka Mailand entschloß sie sich jedoch, wie sie selbst sagte, «nach vorne zu treten». Heute firmiert ihre Designerlinie unter «Strenesse. Gabriele Strehle». Strehle gilt längst als eine von Deutschlands Vorzeigedesignerinnen. Mit ihrer reduzierten Wohlfühlmode steht sie in der Tradition Coco Chanels, die meinte, eine Frau müsse jederzeit in der Lage sein, im Laufen einen Bus zu erreichen.

Coco Chanel war mit ihrem emanzipatorischen Ansatz die erste Modeschöpferin, der es gelang, einen wirklichen Meilenstein in der Modegeschichte zu setzen. Deswegen wird sie hier als Ur- und Vorbild genommen und ihre erfolgreichen Nachfolgerinnen in diesem Sinne als «die Töchter der Chanel» bezeichnet – bis hin zu heute noch jungen Designerinnen wie Stella McCartney oder Phoebe Philo, die es verstehen, mit ihrer Mode auch sich selbst zu inszenieren. Ihre Marketingstrategie erhebt die Designerin zum ersten Modell ihrer Entwürfe und Vorbild der Kundin. Und deswegen schenken dieser die Kundinnen ihr ganzes Vertrauen und adeln den Stil mit dem Attribut der Authentizität. Auch eine Modeschöpferin wie Vivienne Westwood, die man mit ihren hochartifiziellen Entwürfen eher als Antipode zu Chanel bezeichnen könnte, weiß, wie wichtig es ist, daß eine Designerin von Damenmode als Inkarnation des selbstgezeichneten Frauenbildes auftritt. Die Entwürfe der Britin lassen das Leben als grandiose Maskerade erscheinen. Sie selbst warb gleichsam für die Lust am Verkleiden durch aufsehenerregende Auftritte, mal im Kleid mit durchsichtiger Strumpfhose ohne Slip, mal als Margaret-Thatcher-Kopie (auf dem Titelbild des

«Tatler»-Magazins 1989) und mal als Dame der elisabethanischen Epoche. Dabei verschmilzt sie mit ihren Kleidern zu einer Art Gesamtkunstwerk.

In diesem Band soll es daher nicht nur um die Kleider weiblicher Kreateure, sondern auch um deren Lebensentwurf gehen. Oftmals leisteten die Designerinnen wahre Pionierarbeit, und das nicht nur auf modischem Feld. Chanel beispielsweise durchbrach als erste (vielleicht ausgenommen der hochbegabten Schnittmeisterin Madeleine Vionnet) das seit dem Aufstieg des Bürgertums geltende Bild der Frau als Dekorationsobjekt. Sie setzte sich damit an die Stelle des männlichen Schneiders, des «Architekten der Kleidung», der im Gegensatz zur weiblichen «Couturière» stand, einer Art Aufputzerin des Gewands.

II. Aufbruch: Coco Chanel und ihre Rivalinnen

1. Startbedingungen einer Designerin

Seit Jahrhunderten arbeitet eine Vielzahl von Frauen in der Textilindustrie: Als Weberinnen, Näherinnen, Stickerinnen oder Klöpplerinnen leisteten sie ihren Beitrag zur Mode, zunächst in Heimarbeit, später oft in Fabriken. Gertrud Lehnert führt in ihrem Buch *Frauen machen Mode* an, daß 1860 in Paris von etwa 112 000 erwerbstätigen Frauen rund 60 000 Frauen in der Textilindustrie beschäftigt waren sowie weitere Tausende in verwandten Metiers.[1] Die Bezeichnung für Arbeiterinnen im Modegewerbe «Grisette» gab später sogar einem bestimmten Frauentyp ihren Namen. Grisetten galten im 19. Jahrhundert in Paris als sich selbst ernährende junge Frauen aus einfachen Verhältnissen mit relativ lockeren Sitten. Als Gegenstück zum Bohemien schrieben sie Romangeschichte.

Arbeit- und Ideengeber der Frauen waren in der Regel Männer. Im schweizerischen St. Gallen zum Beispiel war seit dem Mittelalter über viele Jahrhunderte die Leinweberei Haupteinkommensquelle der Stadt. Ein St. Galler Kaufmann soll dann im 18. Jahrhundert auf Reisen in Lyon eine türkische Stickerin bei ihrer Arbeit beobachtet haben. Er verfiel auf die Idee, das nicht mehr so lukrative Geschäft des Bleichens durch die Stickerei zu ersetzen. Geschickt – so die Überlegung – könnte man so das textile Handelsnetz der Stadt nutzen. Er brachte die Könnerin samt ihres Stickrahmens mit nach Hause und ließ sie die

St. Galler Frauen im Umgang mit der Nadel unterweisen. Hiermit begann dieser Überlieferung zufolge der Aufstieg des Ortes zur Metropole des Stickereigewerbes. Eine emblematische Geschichte: Der Initiator und «Chef» war ein Mann, die Ausführenden bzw. Untergebenen hingegen Frauen.

Während Nähen oder Sticken in Frauenhänden lag, stellte das Schneiderhandwerk eine Männerdomäne dar. In Frankreich[2] beispielsweise konnten lange Zeit nur Männer der Schneiderzunft angehören.[3] Ein Schneider hatte natürlich im Gegensatz zur Näherin eine konstruktive schöpferische Aufgabe. Mit der Ausarbeitung des Schnitts glich seine Tätigkeit fast der eines Baumeisters – zur Handarbeit des Zerschneidens gesellte sich die Kopfarbeit des Entwerfens und Zusammensetzens. Dem französischen «Tailleur» stand die weibliche «Couturière» gegenüber. Diese war eher eine Näherin oder Putzmacherin für Hüte, Frisuren oder Kleidung – sie verhalf ihrer Kundin zur gewünschten Dekoration, versah sie mit dem für ihren Status notwendigen Prunk.[4]

Rose Bertin (1747–1813), die erste bekannte Modemacherin der Geschichte, stellte so eine «Couturière» dar. Sie «rüschte» gleichsam Frankreichs Königin Marie Antoinette auf, dies allerdings nicht nach eigenem Gusto, sondern immer in Absprache mit ihrer Arbeitgeberin. Zur Zeit von Marie Antoinette war es üblich, daß sowohl adelige Männer als auch Frauen durch Putz und Pomp ihren Stand bekundeten, sozusagen ihre Daseinsberechtigung durch Prachtentfaltung legitimierten.[5] Mit dem Aufstieg des Bürgertums änderte sich dies im 19. Jahrhundert radikal. Der Mann, der als produzierender Mensch seine Macht nicht mehr durch äußere Zeichen dokumentieren mußte, trug fortan einen unauffälligen Anzug, eine Art Arbeitskleidung. Der Frau – aus wohlhabendem Hause – hingegen fiel alleine die Rolle des Zurschaustellens zu: Sie selbst wird mit ihrer Kleidung zum Statussymbol bzw. «Schmuckstück» ihres Gatten.

Thorstein Veblen, der diese Theorie als erster vertreten hat, fügt hinzu, daß die Kleider auch den Müßiggang der als «Hab und Gut des Mannes» geltenden Frau unterstrichen. Sie machten sie durch Schnitte bar jeder Bequemlichkeit physisch unfähig zur Arbeit.[6] «*Ihr* Schein stellt *sein* Sein zur Schau», schreibt Barbara Vinken.[7]

Parallel zu diesem Paradigmenwechsel, durch den modisches Verhalten fortan nur noch dem weiblichen Geschlecht zugewiesen wird, verändert sich auch die klassische Einteilung in «Tailleur» und «Couturière». Mit Charles Frederick Worth (1825–1895) fallen beide Rollen zusammen. Der frischgebackene «Couturier» ist sowohl Architekt der Kleidung, Schnittmeister als auch Putzmacher. Wenn die Frau das Dekorationsobjekt des Bürgers ist, scheint auch die Auswahl des Dekors dem Manne zu obliegen. War es ein Zufall, daß Worths bestes Modell seine eigene Frau Marie Vernet war? Überhaupt die Modelle: Worth war auch der erste, der Kleidung von lebenden Mannequins vorführen ließ, und zwar als fertige und komplette Toilette. Die Entwürfe stammten nun vollständig aus einer Hand, die Kundin konnte sie nur noch «abnicken» oder ablehnen. Ein Mitspracherecht hatte sie – anders als beispielsweise Marie Antoinette bei Rose Bertin – nicht mehr. Charles Frederick Worth wurde zum «Modediktator».[8] Er formte die Frauen nach seinen Vorstellungen.

Der Engländer, der 1845 als 19jähriger nach Paris gekommen war und kurz nach der Prämierung einiger seiner Modelle auf der Weltausstellung 1855 ein eigenes Modehaus eröffnet hatte, veränderte aber auch noch aus einem anderen Grund das Bild des Modemachers. Es gelang ihm, diesen zu einem Künstlertyp zu stilisieren. Als Künstler im romantischen Sinne genoß er alle Freiheiten; er war schöpferisch tätig, genial, auch dies Eigenschaften, die damals Männern zugeschrieben wurden. Und wie ein Künstler zeichnete er seine Werke mit seinem Namen. Diese clevere Marketingstrategie verleiht bis heute der Haute Couture und dem Prêt-à-porter de luxe eine Art Gütesiegel. Mit Worth wurde das Kreieren von Mode zunächst zur Männerdomäne. Zwar gab es nach ihm berühmte Kleidermacherinnen wie Jeanne Paquin (1869–1936), die Schwestern Callot oder Jeanne Lanvin (1867–1946), doch keine von ihnen erreichte den Ruhm eines männlichen Modeschöpfers wie Paul Poiret (1879–1944). Der Couturier gilt heute noch als Legende. Die ebengenannten Damen sind hingegen fast vergessen. Und auch wenn beispielsweise das Modehaus Lanvin heute noch existiert und mit dem Designer Alber Elbaz sogar zu einem neuen Höhenflug ansetzt, erinnert sich kaum jemand an die Gründerin Jeanne Lanvin. Ihre Kollegin Jeanne Paquin war ähnlich talentiert wie Poiret, sie agierte sogar gegen Ende ihrer Laufbahn als Vorsitzende der Pariser Chambre Syndicale,[9] doch Poirets Entwürfe stellten die ihren immer wieder in den Schatten. Ihm gelang, wie Valerie Steele konstatiert, einfach jeder «succès de scandale»,[10] jeder spektakuläre Erfolg. Er schrieb damit Modegeschichte. Poiret ließ sich immer wieder von der zarten androgynen Figur seiner Frau Denise Boulet inspirieren. Eigentlich machte er eine frauenfreundliche Mode, schaffte das Korsett ab, kreierte fließende Chemisenkleider und propagierte schon 1911 Hosen für Frauen. Mit seinen skandalösen Forderungen erregte er jedoch auch großes Aufsehen – und dies schien manchmal sein Hauptziel zu sein. Enge «Humpelröcke» schneiderte er derart schmal und untragbar, daß ein Schlitz hineingearbeitet werden mußte. Das machte natürlich viel mehr Furore als Paquins ähnlich wirkende Modelle, die an der Innenseite mit bequemen Falten ausgestattet waren, so daß ein unbehindertes Gehen noch möglich war.[11] Im Grunde waren sie dadurch auch viel mehr auf die Trägerin zugeschnitten; der dekorative Aspekt trat in den Hintergrund. Doch genau mit jenem gelang Poiret sein Erfolg. Ähnlich wie Worth beherrschte er die Kunst der Vermarktung.

Er ließ seine Mode von jungen Avantgardekünstlern zeichnen, inszenierte extravagante orientalische Feste und machte sein Modehaus zu einer Art «Mekka der progressiv Modischen».[12] Zudem verkaufte er auch Schminke, Parfums und Nagellack. Nur seiner späteren Konkurrentin Coco Chanel gelang es, als Frau auf diesem Gebiet mit den Männern gleichzuziehen. Sie übernahm die Rolle eines Worth, machte sich selbst zum Rollenvorbild und gestand den Frauen auch erstmals eine Art Arbeitsanzug zu, erschuf somit die äußeren Hüllen der weiblichen Emanzipation.

2. Der Stil Chanel: Eine Frau erfindet sich selbst

Die «Bombe Dior» zündete an einem eisigen Wintertag 1947. Der Krieg war erst zweieinhalb Jahre vorbei, überall herrschte Mangel: bei den Kohlen zum Heizen, beim Essen, bei der Kleidung. Von Mode konnte man sowieso kaum sprechen. Seit der Vorkriegszeit hatte sich diese kaum verändert. Die Röcke endeten knapp über dem Knie, Stoffe wurden sparsam verwendet, und die Figur verschwand unter beinahe sackartigen Kleidern. Kostüme sahen so praktisch wie trist aus. Und dann sorgte ein unbekannter 42jähriger Designer für einen derartigen Eklat, daß die Aktienkurse ins Schlingern zu geraten drohten und die Presse vor Verzückung jede kritische Distanz fallenließ. Als Christian Dior am 12. Februar Modelle mit neuen, bis zur Wade reichenden schwingenden Röcken vorführte, superschmaler Taille und die Brust modellierenden Oberteilen, war ein neuer Stil geboren. «Sofort zurückkommen, Sensation bei Dior», kabelten amerikanische Einkäufer in Paris nach der Schau ihren schon abgereisten Kollegen. Carmel Snow, die Chefredakteurin von *Harper's Bazaar*, erfand den Ausdruck «New Look» – ein Stil, der Krieg und Armut vergessen machen sollte, mit verschwenderischer Fülle arbeitete (die meisten Modelle beanspruchten zwischen zehn und 25 Meter Stoff) und eine neue Weiblichkeit propagierte. Anfängliche Proteste amerikanischer Frauenligen und zur Vernunft mahnende Stimmen verstummten bald. Christian Dior regierte für die nächsten zehn Jahre unangefochten die Modewelt.

Doch gab es zumindest eine Person, die diese neue Mode aus tiefstem Herzen haßte. Die alternde Coco Chanel saß fast vergessen in ihrem selbstgewählten Exil in der Schweiz und betrachtete die Entwicklungen in Paris mit Abscheu. Nach ihrer eigenen fragwürdigen Rolle während des Krieges als Geliebte eines deutschen Botschaftsattachés (sie geriet in den Ruch der Kollaboration) hatte sie Frankreich verlassen. Ihr Modehaus hatte sie schon nach Kriegsausbruch geschlossen, ihre Karriere als Königin der Modewelt schien ein für allemal beendet. Doch nun sah sie ihre grundlegenden Ideen über eine zeitgemäße Kleidung negiert. Dior schnürte ihrer Meinung nach die Frauen wieder ein. Schmale Taillen und schwere Röcke nahmen ihnen demnach ihre Bewegungsfreiheit, ließen sie puppenhaft und wenig selbstbewußt erscheinen. Ihr unsensibles Verdikt, daß Modeschöpfer wie Dior die Frauen zu Transvestiten machten, zeugt von Chanels tiefer Verstörung. Doch gleichzeitig gewann sie die Überzeugung, daß die Kundinnen irgendwann der Wespentaillen, der Bustiers und schweren Röcke überdrüssig werden würden. So bereitete sie nach und nach ihre Rückkehr vor, für die sie den richtigen Moment abpaßte. 1954 kam Coco Chanel wieder nach Frankreich mit einer anfänglich belächelten und dann bewunderten, vielgetragenen und vielkopierten Kleidung. Mit über 70 Jahren eroberte sie die Modewelt ein zweites Mal. Gertrud Lehnert urteilt sogar, daß «Coco Chanels Comeback in den 50er Jahren eigentlich erst über ihren bleibenden Ruf als *die* Modeschöpferin des 20. Jahrhunderts entschied».[13] Chanel selbst meinte, daß Kleidung einer Logik folgen müsse und männliche Modeschöpfer diese nicht verstehen könnten. «Aber nein, mit Sicherheit nicht, Männer sind nicht dazu geschaffen, Frauen anzuziehen»,[14] sagte sie. Und aus diesem Satz schien sie neue Energie zu schöpfen, und die mit Dior, Balenciaga und Fath nochmals eingeläutete Ära männlicher Modediktatoren[15] zu beenden. Gabrielle «Coco» Chanel sah durch den New Look ihr Lebenswerk in Frage gestellt. Denn schließlich war sie einst erfolgreich angetreten, um die Frauen aus ihren engen Kleidern zu befreien. Mit ihrer Kleidung wollte sie ihnen zur Unabhängigkeit verhelfen, ohne daß die Anziehsachen ihre erotische Anziehungskraft einbüßten. «Chanel. Die Geschichte einer emanzipierten Frau», betitelt Axel Madsen daher auch seine hervorragende Biographie. Emanzipiert ja, doch das Wort «Feministin» hätte Mademoiselle Chanel wahrscheinlich als Schimpfwort verstanden. Denn eigentlich startete sie ihre beispiellose Karriere als Abhängige, als Geliebte vermögender und einflußreicher Männer.

Etienne Balsan war 24, als er die 21jährige Gabrielle Chanel in Moulins kennenlernte. Er galt als das schwarze Schaf einer wohlhabenden Textildynastie, sie arbeitete zusammen mit ihrer fast gleichaltrigen Tante Adrienne in einem Wäsche- und Strumpfgeschäft als Verkäuferin. So hatten sie wenigstens eine gewisse Affinität zu Stoffen gemeinsam, doch ansonsten waren ihrer beider Welten streng voneinander getrennt. Wie groß der Klassenabstand in der hierarchisch aufgebauten französischen Gesellschaft tatsächlich war, ahnte jedoch selbst Balsan nicht. Gabrielle verschwieg ihm, daß sie einen Teil ihrer Kindheit im Waisenhaus verbracht hatte. Ihr Vater Albert Chanel arbeitete als Markthöker, ihre Mutter Jeanne war bei der Geburt erst 19 Jahre alt. Geboren wurde Gabrielle am 19. August 1883 im Armenhaus von Saumur, und es war fast ihr Glück, daß die Beamten bei Erstellung der Geburtsurkunde schlampig arbeiteten. Ihr Name wurde irrtümlich als «Chasnel» eingetragen, doch

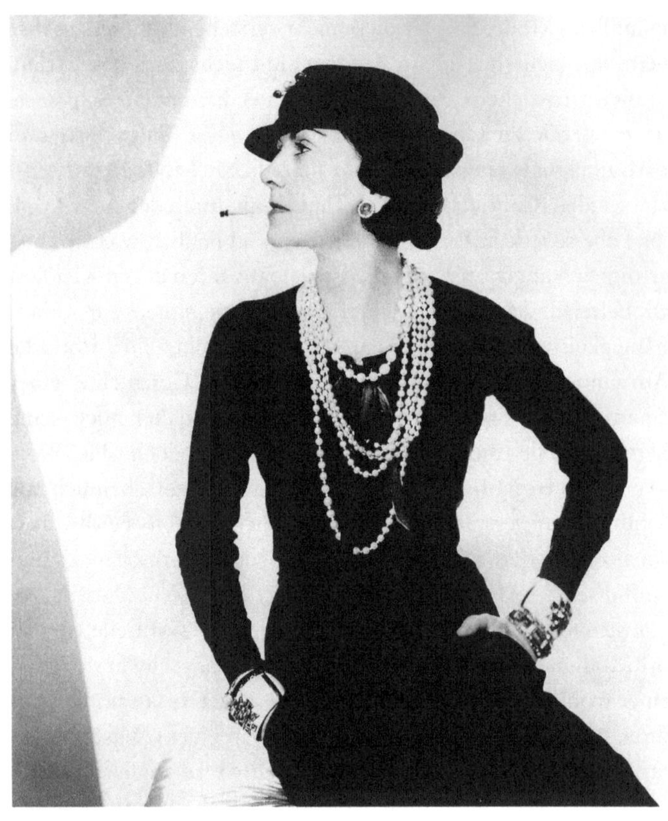

Stilvorbild Chanel: 1935 von Man Ray fotografiert, stellt die damals 52jährige Coco das Paradebeispiel einer schönen, eleganten und unabhängigen Frau dar.

dafür nahm man es auch mit dem abwesenden Vater nicht so genau. Gabrielle wurde als eheliches Kind verzeichnet. In Wirklichkeit heirateten die Eltern erst ein Jahr später. Chanel vermied es später, den Namensfehler zu korrigieren. Um keinen Preis wollte sie Zweifel an der auf der Urkunde ja ebenso bescheinigten Ehelichkeit aufkommen lassen. Als Gabrielle elf Jahre alt war, starb ihre Mutter. Der Vater brachte sie mit ihren beiden Schwestern Julie und Antoinette nach Aubazine in ein von Nonnen geführtes Waisenhaus. Albert Chanel verschwand danach endgültig aus dem Leben seiner Tochter. Sie muß dies zeitlebens als Demütigung empfunden haben. Die Jahre im Waisenhaus, wo zwischen mittellosen Kindern und Mädchen mit zahlungsfähigen Verwandten unterschieden wurde, verwandelte sie in ihren Erzählungen zu einer bei alten Tanten verbrachten Jugend.

Als Gabrielle achtzehn Jahre alt war, brachte ihre Großmutter sie nach Moulins in ein Pensionat. In der Garnisonsstadt lernten ihre Schwestern und sie Haushaltsführung – für den Unterhalt verrichteten die in Armut großgewordenen Mädchen allerlei Arbeiten. Immerhin sah Gabrielle mit ihren dunklen Augen und der schlanken Figur sehr gut aus; und als sie schließlich mit ihrer ebenso hübschen Tante Adrienne die Arbeit im Wäschegeschäft aufnahm, galten die beiden Demoiselles Chanel bei den Offizieren bald als Attraktion. Nebenbei trat Gabrielle manchmal in einem Konzertcafé auf. Zwei von ihr dort dargebotene, eher dümmliche Lieder «Ko-Ko-Ri-Ko» und «Qui qu'a vu Coco» trugen ihr ihren Spitznamen ein.

Das Liebesverhältnis zu dem attraktiven Offizier Balsan hätte eigentlich in der Belle Époque als Mesalliance gelten müssen. Doch unterschied man sehr genau zwischen offiziellen und inoffiziellen Verbindungen – eine Schizophrenie, die Marcel Proust für die Handlungsstränge seiner *Suche nach der verlorenen Zeit* auf geniale Weise erzählerisch ausbeutete. Coco war nicht mal Balsans inoffizielle Geliebte, denn diese Rolle füllte schon die berühmte Kurtisane Emilienne d'Alençon aus. Und doch entschloß sie sich, ihrem Freund auf sein Landgut Royallieu zu folgen. «Sie hätte alles getan, um dem Schicksal ihrer Mutter und ihrer Schwester Julie als ledige Mutter und gewöhnliche Frau eines Markthökers zu entfliehen», schreibt Axel Madsen.[16] Geschickt nutzte sie ihre Zeit auf Royallieu. Sie lernte das müßiggängerische Leben der Schickeria kennen, traf ihre große Liebe Boy Capel, lernte reiten und Sport zu treiben und erfand nebenbei ihren persönlichen Kleidungs- und Lebensstil, den Stil Chanel.

«Ich mag es nicht, daß man von der Chanel-Mode spricht. Chanel, das ist vor allem ein Stil. Denn die Mode wird unmodisch. Stil hingegen niemals», lautet eines von Coco Chanels zahlreichen Bonmots.[17] Viel ist über eine entscheidende Ingredienz dieses Stils spekuliert worden: die absolute Schlichtheit, die sie in unnachahmliche Eleganz zu verwandeln verstand. Wo andere mit rauschenden Roben prunkten, erschien Chanel mit weißem Hemdkragen, schlichter Jacke und wenig Schmuck. «Kam die/Schauspielerin Gabrielle/Dorziat im Reitkleid zu den Ställen, um im Damensattel zu reiten, schwang Gabrielle sich in Reithosen aufs Pferd», schreibt Madsen.[18] Und 1926 machte die inzwischen zur erfolgreichen Couturière aufgestiegene Coco Chanel aus einem schlichten schwarzen, knapp knielangen Abendkleid aus Crêpe de Chine einen Klassiker der Mode: Das «kleine Schwarze» war erfunden. Edmonde Charles-Roux meint, daß Chanel mit ihrem zurückgenommenen Äußeren dem gefürchteten Ruf einer ausgehaltenen Frau entkommen wollte. Schließlich waren die damaligen Kurtisanen für ihr prunkvolles Äußeres bekannt. Andere führen den Purismus der Kleider und Kostüme auf ihre Kindheit im Waisenhaus und die dortigen Uniformen zurück. Auch dies erscheint plausibel, denn Chanel scheint das Kloster als ästhetisches Vorbild empfunden zu haben. Als sie sich 1929 ein wunderschönes Anwesen in Roquebrune kaufte, schickte sie für die Gestaltung des Hauses und Gartens ihren Architekten heimlich nach Aubazine, damit er sich das Heim als eine Art Modell ansehe. Mit Sicherheit jedoch entlehnte sie ihre Vorstellungen über schlichte Kleidung der Herrenmode. Sie borgte sich von ihren Freunden Jacken und Hosen aus. Sie benutzte Herrenstoffe und legte den Schwer-

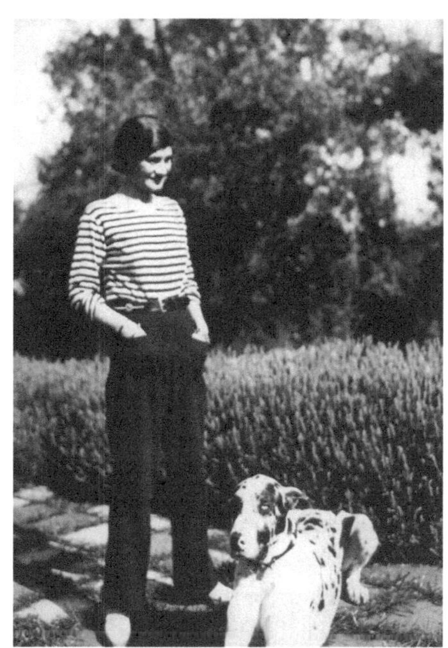

Chanel trieb Sport, brachte Sonnenbaden und kurze Haare in Mode und kreierte die zu einem lässigen Lebensstil passende Kleidung.

punkt ihrer Designertätigkeit nicht nur auf luxuriöse Materialien und perfekte Handarbeit, sondern auch auf die Struktur eines Kleidungsstücks, ein Kriterium, das sonst gerade beim Männeranzug im Vordergrund steht.[19]

Chanel wollte einer Frau Bewegungsfreiheit schenken. Zwar hatte schon vor ihr Paul Poiret das Korsett durch einen wesentlich leichteren Hüftgürtel ersetzt, doch durch sie erst gelang der lockeren Linie der Durchbruch. Auch hatten schon vor ihr Frauen Hosen getragen, doch erst Chanel machte diese so elegant auf, daß sie salonfähig wurden. 1916 kaufte sie bei Rodier große Mengen Jersey ein und schneiderte aus dieser Baumwollwirkware lose hängende Jacken mit einem schmückenden Stoffgürtel und passende knöchellange Röcke. Sie führte Matrosenjacke und Sweater für Damen ein und übernahm zahlreiche Elemente aus der Sportmode. Gabrielle Chanel kann als eine frühe Verfechterin des «Casual»-Gedankens gelten, ohne sie würden sich heute Frauen ganz anders anziehen. Flexibilität und Tempo waren mit ihrer Mode möglich. Letztlich ermöglichten ihre Entwürfe das Leben der arbeitenden Frau. Doch war ihr Frauenbild dabei überhaupt nicht unweiblich – mit Modeschmuck, fließenden, den Körper umschmeichelnden Stoffen waren die Chanel-Kundinnen so wie Coco selbst meist umwerfend attraktiv. Auch ihre Sportbegeisterung sollte Frauen letztlich anziehender machen: «Was ist denn eigentlich eine schlechte Figur? Das ist eine Figur, die bis in die einzelnen Glieder ängstlich ist», sagte sie.[20] Sie glaubte, daß jeder für sein Aussehen und sein Fortkommen selbst verantwortlich sei. Da sie sich selbst hochgearbeitet hatte und zum Schönheitsideal geworden war, setzte sie voraus, daß andere ebenso frei agieren könnten. «Die Natur gibt uns das Gesicht, das wir mit 20 haben; das Leben formt unser Gesicht mit 30. Doch das, welches wir mit 50 haben, verdienen wir uns selbst»,[21] lautet eines ihrer meistzitierten Bonmots. Die Kehrseite dieses unbedingten Glaubens an den Satz «Jeder ist seines Glückes Schmied» war ihr mangelnder sozialer Sinn. Als das Personal des Modehauses Chanel 1935 für vernünftige Arbeitsbedingungen wie geregelte Zeiten oder feste Verträge streikte, zeigte die Chefin keinerlei Verständnis. Knall auf Fall entließ sie 300 Angestellte. Sie gab den Forderungen erst auf das Drängen ihrer Berater hin nach. Doch nur das Argument, die anstehende Kollektion würde sonst nicht fertig werden, hatte sie zur Raison gebracht.

Bei allem Unabhängigkeitsstreben sah Gabrielle Chanel die Frau auch immer in Bezug zum Mann. Sie selbst hatte nach Arthur «Boy» Capels tragischem Tod bei einem Autounfall im Dezember 1919 einige spektakuläre Liaisons, von denen auch immer ihre Mode profitierte. Als sie Anfang der 20er Jahre mit dem russischen Großfürsten Dimitri Pawlowitsch[22] zusammen war, übernahm sie Elemente der östlichen Folklore für ihre Entwürfe, schmückte diese mit Stickereien, farbigen Mustern und Pelzbesatz. Ihre «Rubaschka-Blusen» wurden damals sogar zu einer Art Uniform der modebewußten Pariserin. Ihre Verbindung zum Herzog von Westminster zwischen 1924 und 1930 wiederum brachte sie auf die Idee, Tweedkostüme zu entwerfen. «Sie liebte Männer», schreibt Axel Madsen. «Sie konnte den Gedanken, nicht auch von ihnen geliebt zu werden, nicht ertragen, haßte es jedoch, abhängig von einem Mann, ganz gleich, von wem, zu sein.»[23] Dies war ein Grundton ihrer Lebensmelodie, der schon bei ihrer Beziehung zu Boy Capel angeschlagen wurde. Capel unterstützte sie in ihrem Unabhängigkeitsstreben. Balsan und er ermöglichten es ihr 1910, in Etiennes Junggesellenwohnung am Pariser Boulevard Malesherbes ein kleines Hutgeschäft zu eröffnen. Und 1913 gab Boy ihr Geld, um eine Boutique in Deauville aufzumachen. Die Investition erhielt er später auf Heller und Pfennig zurückbezahlt. Boy war es auch, der Chanel 1910 vorschlug, ihre schlichten, zurückgenommenen Kleider von einem guten Herrenschneider mit eleganten Stoffen nachnähen zu lassen. «Toute la rue Cambon est sortie de là», kommentierte Chanel später[24] – ihr ganzes späteres Imperium in der Pariser Rue Cambon sei aus diesem Anstoß heraus entstanden. Valerie Steele sieht Chanels ganzen Antrieb zum Modemachen in ihrem Verhältnis zu ihren männlichen Liebhabern: «Sie erfand ihren eigenen persönlichen Stil, basierend auf der Kleidung ihrer männlichen Beschützer – Kleidung, die männliche Macht und aristokratische Unabhängigkeit verkörperte, nach der sie sich sehnte.»[25] Auch wenn sie von den Männern den Anstoß erhielt – ihren Erfolg verdiente sie sich mit ihrem eigenen Kopf und ihren geschickten Händen.

Noch etwas wird aus der Boy-Episode deutlich: Capels Vorschlag, ihre eigenen Kleider nachnähen zu lassen, spielte mit

Gabrielles Tauglichkeit als Stilvorbild ihrer Zeit. Und genau das war ihr großer Vorteil Modeschöpfern wie Paul Poiret oder Jacques Doucet gegenüber. Schon Chanels Hutgeschäft war aus der Bewunderung anderer für ihre Kopfbedeckung entstanden. Wo die meisten Frauen mit großen Federaufbauten protzten, bestach sie mit einem einfachen Strohhut mit Hutnadel. Gerade ihre Schlichtheit wirkte umwerfend modern. Die berühmten Schauspielerinnen oder Sängerinnen, die bei Etienne Balsan verkehrten, interessierten sich brennend dafür, wo Coco ihre Hüte kaufte. Und sie wurden schnell die ersten Kundinnen, als Chanel ihnen offenbarte, sie habe diese selbst gefertigt. Natürlich erzeugte es einen weiteren enormen Werbeeffekt, wenn Frauen wie Emilienne d'Alençon oder die Schauspielerin Gabrielle Dorziat, aber auch Cocos attraktive Tante Adrienne oder deren Schwester Antoinette diese Hüte dann ebenfalls trugen. Und Chanel verstand es meisterhaft, einfachen Strohhüten mit ein paar Schleifen oder Spitzen, Blumen oder Krempen einen ganz eigenen Charme zu verleihen.

Als Coco in Deauville ihre Boutique eröffnete und auch Rollkragenpullover oder Jacken dort anbot, flanierte sie mit Adrienne regelmäßig – zwei Mannequins gleich – am Meer entlang. Bald galten sie als die schicksten Frauen des Ortes. Und obgleich auch andere Modemacherinnen wie Madeleine Vionnet oder Jeanne Lanvin schlichte, dem Körper gerechte Kleidung anboten, lösten diese niemals eine derartige Moderevolution aus wie Chanel mit ihrer Sportkleidung. Gabrielle verstand es, ihr gutes Aussehen, den schmalen, beweglichen Körper (eine Zeitlang hatte sie sogar vor, Tänzerin zu werden), die dunklen Haare oder die sportlich gebräunte Haut zu ihrem Vorteil einzusetzen. Sie selbst beschrieb ihr Debüt als Kreateurin wie einen Zufall. «Ich habe eine alte Jerseyjacke vorne durchgeschnitten, damit ich sie nicht über den Kopf streifen mußte, und habe dort ein Band angenäht.» Dann sei sie nach der Herkunft des Kleides gefragt worden, worauf sie anbot, es der Interessentin zu verkaufen. «Sie fragten nach dem Preis. Ich sagte, ich müsse mich erst genauer erkundigen. Im Handumdrehen habe ich so zehn Kleider verkauft.»[26] Als Chanel sich aus Boys Sweatern 1917 sportliche Schwimmanzüge schneiderte und diese anstelle der prüden und plumpen weiblichen Badekostüme unerschrocken zur Schau trug, setzten sich auch diese durch. Und auch wenn eine Schriftstellerin wie Colette schon vor ihr einen Kurzhaarschnitt trug, machte erst Chanel ab 1917 kurze, knapp über die Ohren reichende Haare durch ihr eigenes Vorbild chic und salonfähig.

Noch mit Mitte 50, als sie längst eine erfolgreiche Modeschöpferin mit einem Imperium in der Rue Cambon war, verstand sie es, sich als Stilvorbild meisterhaft in Szene zu setzen. Berühmte Photographen wie Georg Hoyningen-Huene oder Cecil Beaton porträtieren die immer noch wunderschöne Frau. Ihr Liebhaber Paul Iribe[27] zeichnet sie in einer spektakulären Ausgabe seiner Zeitschrift *Le Témoin* sogar als französische Marianne. Seit den 20er Jahren pflegte Chanel enge Freundschaften zu Künstlern wie Igor Strawinsky (den sie auch finanziell unterstützte) oder Jean Cocteau und hatte mit Sergej Diaghilev, Picasso und Cocteau zusammen einige spektakuläre Theaterprojekte verwirklicht. Sie war eine Berühmtheit geworden und längst in der elitären, von ihrer Freundin Misia Sert angeführten Pariser Gesellschaft anerkannt. Und sie wußte, daß ihr eigenes Auftreten Schlüssel ihres Erfolges war.

Coco Chanel hatte sich selbst zur Marke gemacht. Und dies nicht nur, indem sie sich geschickt als Stilikone in Szene setzte; mehr noch: Sie erfand sich förmlich selbst. Teile ihrer Biographie dichtete sie vollkommen um, sie machte sich – wohl aus Scham über ihre Vergangenheit – zum Geschöpf ihrer eigenen Phantasie. Die Jugend im Waisenhaus wurde verschwiegen, den Vater stellte sie als Pferdehändler dar, die Brüder verleugnete sie.

Noch Jahrzehnte später war es schwer, einige Episoden ihres Werdegangs zu erhellen, wie etwa die «Operation Modellhut» während des Zweiten Weltkriegs. Chanel soll damals für die Deutschen (im Auftrag ihres deutschen Liebhabers) versucht haben, bei Churchill zu intervenieren. Ob sie dies im Einsatz für den Frieden tat oder wirklich eine Art Kollaborateurin war, wird wohl nie geklärt werden. Chanel schuf sich so sehr ihre eigene Legende, daß dieses Erzählen von Geschichten wahrscheinlich heute als ihr hervorstechendster Charakterzug stehenbleibt. «Chanel log zum einen, um eine bittere Vergangenheit zu verdecken, zum anderen, um sich eine strahlende neue Persönlichkeit zu schaffen», schreibt Valerie Steele.[28]

Mit dem Willen, sich in jeder Hinsicht selbst zu erfinden, paarte sich ein ausgeprägter Geschäftssinn. Chanel lernte auch hier viel von dem hochintelligenten Business-Genie Capel. Die Ladeneröffnung in Deauville erwies sich während des Ersten Weltkriegs als riesiger Erfolg. Viele reiche Pariserinnen flohen in das mondäne Seebad. Natürlich wollten sie immer noch schicke Kleidung tragen, und Chanels Geschäft war das einzige, welches noch geöffnet war. Ähnlich erfolgreich war das 1915 eröffnete Couture-Haus in Biarritz. Die unmittelbare Nachbarschaft zum neutralen Spanien garantierte ihr Ströme von neuen Kundinnen. Hinzu kam, daß der Krieg Flexibilität und Beweglichkeit auch von den Schichten forderte, die sich vorher bequem in ihrem Dasein hatten einrichten können. Viele Damen der Gesellschaft arbeiteten in Krankenhäusern und lebten auch sonst in der Gewißheit, immer «auf dem Sprung» sein zu müssen. Chanels sportliche Kleidung kam diesem Bewußtsein vollkommen entgegen. Ein neuer Stil setzte sich durch.

Doch Chanels wohl größter Coup betraf ein modisches «Nebenprodukt». 1920 lancierte sie ihr Parfum «Chanel No 5», bis heute das wohl berühmteste Duftwasser der Welt. Überzeugt davon, daß zur wahren Eleganz auch ein Duft gehöre, ließ sie sich verschiedene Mixturen von dem Parfumeur Ernest Beaux kreieren. Der Reihe nach soll sie an diesen gerochen haben, um die fünfte dann zu ihrem Produkt zu küren. Der klare, geradlinige Flakon und der ungewöhnliche, nicht leicht entschlüsselbare Duft (er war aus über 80 verschiedenen Bestandteilen zusammengesetzt) waren etwas vollkommen Neues. Eigentlich rochen Parfums allein nach Blüten. Sie trugen meist romantische Namen wie «Gerbe du Bonheur», während Gabrielles Duft schlicht «Chanel» hieß – ein geschickter Marketingschachzug, der ihren Namen unsterblich machte. Und zudem die Modeschöpfer zu einer Art Star erhob.

Coco Chanel war in der Tat zum Star geworden. Doch als sie 1954 aus ihrem Schweizer Exil zurückkam, glich sie eher der verblühten Diva Norma Desmond aus *Boulevard der Dämmerung* denn einer strahlenden Leitfigur. Und doch wurde ihr Comeback zum wohl größten Triumph ihrer Karriere. Ihr untrüglicher Geschäftssinn verließ sie auch hier nicht. «Sollten ihre Geschlechtsgenossinnen die Freiheit vergessen haben, die Coco ihnen versprochen hatte? Der New Look geht vorüber. Das spürt Chanel 1953, die sich wie eine sprungbereite Brillenschlange auf ihrem Sofa windet. Wieder ist die Zeit für sie», beschreibt François Baudot die 70jährige Chanel kurz vor ihrer Rückkehr in die Pariser Modewelt.[29] Dabei ist ihre erste Schau zunächst ein Fiasko. Die Presse hält ihre Kleidung für rückwärtsgewandt. Die Kundinnen hingegen – vor allem in den Vereinigten Staaten – sind der einengenden Mode überdrüssig und greifen lieber zu Cocos lockeren Entwürfen. Der Wind dreht sich – auch im Blätterwald –, und Chanel segelt als neue Heldin der Modeillustrierten vorneweg. Ein Jahr nach ihrer Rückkehr hat sie die Kleiderwelt zurückerobert. Ihre Tweedkostüme mit den weichen Jacken und den durch Bleiketten beschwerten Jackensäumen sitzen perfekt, ohne einzuengen. Ihre knieumspielenden Kleider schmeicheln der Figur. Die Slingpumps und

Ballerinas mit schwarzer Kappe lassen den Fuß zierlich erscheinen. Reicher Modeschmuck und auffallende Knöpfe sorgen für die Dekoration dieser ansonsten perfekten Reduktion. Der Chanel-Look schafft sich seine eigene Legende, transportiert von Cocos berühmten Kundinnen wie Romy Schneider, Jacqueline Kennedy oder Marlene Dietrich.

Ein glückliches Leben? Vielleicht paßt der Ausdruck «ein gelungenes Leben» auf die Vita der Coco Chanel besser. Ihre Liebesbeziehungen endeten allesamt unglücklich. Schon Boy Capels Tod hatte tiefe Spuren bei ihr hinterlassen. Hinzu kam die demütigende Tatsache, daß er kurz zuvor eine englische Adlige geheiratet hatte, auch wenn dies an seiner Liebe zu Coco nichts änderte. Die Beziehung zum Herzog von Westminster ging in die Brüche, wohl auch, weil Chanel ihm kein Kind gebären konnte. Und die Verbindung mit Paul Iribe endete – wie schon vorher die Liaison mit Capel – durch dessen frühen Tod. Chanels wichtigster Lebensinhalt war am Ende ihr Beruf. Bis zu ihrem Tod 1971 arbeitete die energische alte Dame, die sich zeitlebens «Mademoiselle» nennen ließ. Sie starb am 3. Januar im Pariser Hotel Ritz. Schon während des Zweiten Weltkrieges war sie in die Nobelherberge übergesiedelt. Daß sie ausgerechnet an einem Sonntag, zwei Tage nach Neujahr, starb, birgt eine bittere Ironie. Die vielen Feiertage hintereinander scheinen die Unermüdliche nachhaltig geschwächt zu haben. Das Hotel war halb leer, sie konnte nicht zur Arbeit gehen, die Einsamkeit drückte. «Letztendlich hast du es richtig gemacht», sagte sie kurz vor ihrem Tod zu ihrer Großnichte Gabrielle Labrunie. «Du hast einen Mann, Kinder. Ich habe nichts. Ich bin allein mit meinen Millionen.»[30]

3. «Shocking»: Elsa Schiaparelli

«Die Schwaden von Reispuder, die seine Kindheit benebelten, der Geruch von Schminke, die Ausdünstungen von Reinigungsmilch und Nagellackentferner läßt er über dem Flakon seines Eau de Toilette entstehen, das wie eine weibliche Brust geformt ist.» In die Tiefen der Seele taucht der französische Kritiker Farid Chenoune bei der Beschreibung der exzentrischen Kreationen von Jean Paul Gaultier.[31] Doch anstelle des romantischen Künstlertyps hätte er hier lieber den kultivierten Intellektuellen beschwören sollen. Gaultiers Idee, einen Parfumflakon als Damentorso zu modellieren, ist nicht so originell, wie sie scheint. Gaultier zitiert statt dessen eine große Modemacherin. Elsa Schiaparelli ließ ihr damals legendäres Parfum «Shocking» in ein als Schneiderbüste geformtes Glasgefäß füllen. Die weiblichen Rundungen sollen dem Körper des Hollywoodstars Mae West nachgebildet sein. Die Schauspielerin hatte Schiaparelli seinerzeit einen Gipsabdruck von sich geschickt.

Gaultiers Nachbildung soll keine Kopie sein, sondern gleicht eher einer modernen und provokant aufgemachten Hommage. Er ehrt damit eine der einflußreichsten Designerinnen des 20. Jahrhunderts, deren Name anders als der ihrer großen Rivalin Chanel inzwischen seinen Donnerklang verloren hat. Dank ihrer Originalität geistern allerdings Hunderte von Elsa Schiaparellis Ideen aus den 30er Jahren noch heute in den Kollektionen der Modemacher herum. «Wenn die Besten unter ihnen, von Yves Saint Laurent bis hin zu Jean Paul Gaultier, an dem Prinzip festhalten, jede neue Saison mit einem Bruch zu beginnen und den neuen Stil aus einer Folge von Blitz- und Donnerschlägen zu erarbeiten, ist dieses beständig subversive Prinzip ganz eindeutig auf die Schiap zurückzuführen: mit Charme schockieren, mit Betörung erstaunen»,[32] erläutert der französische Modejournalist François Baudot. Vielleicht liegt es an diesen manchmal allzu gewagten Brüchen, daß Elsa Schiaparellis Entwürfe letztlich nicht so dauerhaft zu vermarkten waren wie die von Coco Chanel. Allerdings legte die gebürtige Italienerin bei aller Exzentrik auch immer Wert auf Tragbarkeit und entwarf sogar zahlreiche Kleider und Anzüge für sportliche Aktivitäten. Und: Wie Chanel beherrschte sie die Kunst, sich selbst zum Vorbild ihrer Kundin zu machen. In ihrer 1954 erschienenen Autobiographie erzählte sie, daß sie einen der ersten von ihr entworfenen Pullover bei einem schicken Essen trug und eine Sensation hervorrief. «Alle Frauen wollten auch einen, und zwar sofort», notierte sie über die Wirkung des von ihr getragenen Kleidungsstücks.[33]

Ihre Tauglichkeit als Stilikone markierte den Beginn ihrer Modekarriere. Als die damals relativ mittellose alleinerziehende Mutter in Paris eine Freundin zu einem Besuch bei Paul Poiret begleitete, war sie von dessen farbenprächtigem Modepalais fasziniert. Sie probierte scheinbar unbeobachtet einen weit geschnittenen Mantel an.

«Er war wunderbar», erzählte sie später. «‹Und warum kaufen Sie ihn nicht, Mademoiselle? Er ist wie für Sie geschaffen!› Der große Poiret persönlich betrachtete mich, und ich spürte das Aufeinanderprallen unserer beiden Persönlichkeiten. ‹Ich kann es Ihnen nicht sagen ... Ich ... Er ist sicher viel zu teuer, und wann sollte ich ihn denn tragen?› – ‹Kümmern Sie sich nicht um den Preis›, antwortete Poiret. Außerdem können Sie alles und das überall tragen›.»[34]

Poiret wurde Schiaparellis Mentor und ermutigte sie auch zum Kleidermachen. Ihre Liebe zu prachtvollen Farben und ihre Affinität zur Kunst verbanden die beiden. Doch anders als bei ihm standen dennoch Schnitt und Tragbarkeit bei ihr im Vordergrund. Obwohl Valerie Steele sie als Verfechterin einer «traditionell ‹weiblichen› Fülle von Ornamenten, Farbe und Phanta-

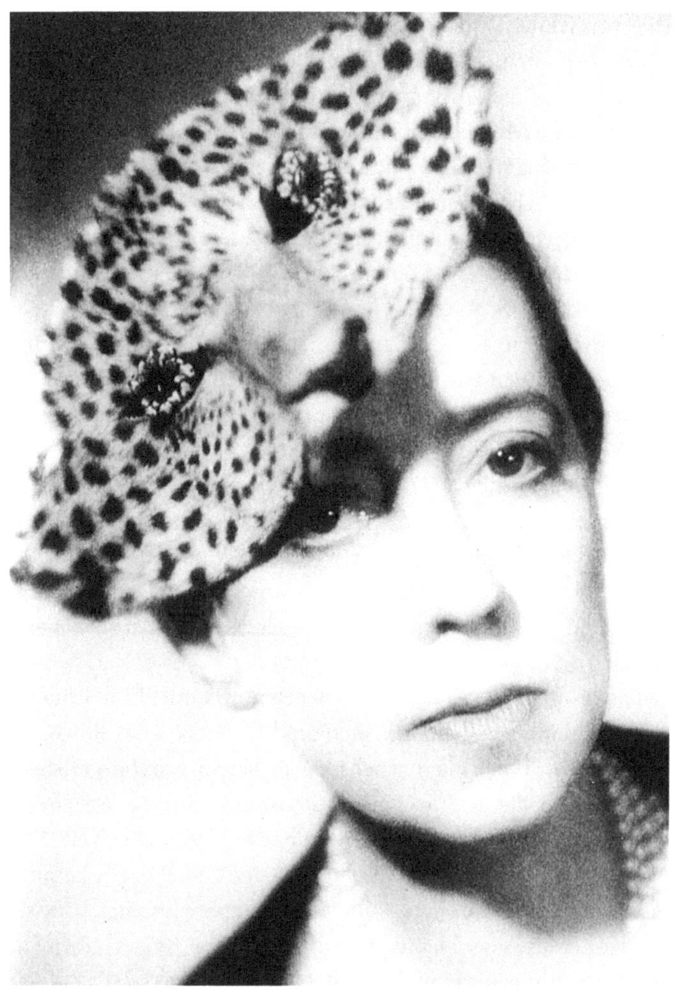

Elsa Schiaparelli liebte das Außergewöhnliche und trug ihre exzentrischen Kreationen humorvoll zur Schau.

sie» bezeichnet,[35] muß man sie doch primär als Erneuerin der Mode begreifen. Denn ihr gelang die perfekte Symbiose von Konstruktion und Ornament[36] – künstlerische Elemente durften weiterhin die Mode bereichern, mußten sich jedoch dem Körper der Trägerin anpassen. Auch die späteren, exzentrischen Entwürfe der «Schiap» sind komfortabel geschnitten und verraten den «sportiven» Beginn ihrer Modekarriere.[37] In ihrer ersten (Ende 1927 eröffneten) Boutique in der Rue de la Paix hing ein großes Schild «Schiaparelli Pour le Sport» an der Tür. Schiaparelli schneiderte in den darauffolgenden Jahren auch Outfits für Sportlerinnen wie etwa die spanische Tennisspielerin Lili de Alvarez. Die lässige Eleganz der Entwürfe verhalf ihr gerade in den Vereinigten Staaten zu großem Erfolg.

Kleidung wurde bei der «Schiap» zu einer spielerischen, wunderbar leichten Maskerade. Die Trägerin konnte je nach Gusto in jede Rolle schlüpfen. Lange waren die Modelle der Schiaparelli daher auch bei Hollywood-Schauspielerinnen wie Katharine Hepburn, Claudette Colbert oder Merle Oberon äußerst beliebt.

Paul Poiret war bei der ersten Begegnung sofort Elsa Schiaparellis unglaublich sicheres, offenkundig angeborenes Stilgefühl aufgefallen. Tatsächlich wuchs sie in einem großbürgerlichen Ambiente voller Kultur und Ästhetik auf. Am 10. September 1890 kommt sie im römischen Palazzo Corsini zur Welt. Der Vater ist ein bedeutender Orientalist, der Onkel ein bekannter Astronom. Als Kind, so erzählte Elsa Schiaparelli später, habe sie immer gehört, sie sei häßlich. Und daher habe sie stets überlegt, wie sie Schönheit erlangen könne, und von einem Gesicht voller Blumen geträumt. Die Blumensamen, die sie sich dann in Ohren, Nase und Rachen schob, hätten von einem Arzt entfernt werden müssen. Der von ihr selbst kolportierte Hang zur Verschönerung scheint also schon früh allgegenwärtig gewesen zu sein. Doch auch die Originalität und Exzentrik ihrer Gedankenwelt, die offenkundig nicht so ganz zu dem braven Frauenbild ihrer Umgebung paßten. Etwas Schillerndes, Träumerisches prägt diese Anekdote, die eine Metapher der damaligen Weltsicht der kleinen Elsa darstellen mag. Und auch der Hang zu Rebellion und Provokation mag sich hier schon im Keim – oder besser Samen – offenbaren. Mit fünfzehn Jahren veröffentlicht Elsa Schiaparelli eine Sammlung erotischer Gedichte und schockiert ihre Eltern damit. Beinahe zehn Jahre später folgt der wirkliche Ausbruch aus der bürgerlich-gesitteten Welt, in der sie aufwuchs. Schiaparelli lernt 1914 bei einem Vortrag in London den schillernden Theosophen Wilhelm Wendt de Kerlor kennen und verliebt sich in ihn. Kurze Zeit später heiraten die beiden. Zunächst lebt das Paar in England, dann – nach Ausbruch des Ersten Weltkriegs – siedeln sie nach Nizza über, wo Kerlor Familie hat. Danach verlassen sie Europa, leben in Boston und New York.[38] Sie trennen sich kurz vor der Geburt der gemeinsamen Tochter Gogo 1919. Auf einen Schlag findet sich die früher so behütete Elsa als alleinerziehende Mutter ohne finanzielle Mittel wieder. Sie wohnt in Manhattans Bohème-Viertel Greenwich Village und bestreitet ihren Lebensunterhalt mit Jobs als Übersetzerin und Sekretärin. Gleichzeitig lernt sie bedeutende Künstler wie Man Ray kennen, der sie 1920 fotografiert.

1922 siedeln Mutter und Tochter nach Paris über – um der an einer Lähmung erkrankten Gogo eine spezielle Behandlung zu ermöglichen. Auch hier schlägt sich Elsa bravourös durch, arbeitet als Reiseführerin – und lernt Jean Cocteau und Poiret kennen. Letzterer gibt ihr den Anstoß zum Kleiderdesign.

Und sie startet mit Pullovern – auch hier eine Parallele zu Coco Chanel, die ebenfalls mit Strick reüssierte. Schiaparellis Pullover sind jedoch ganz anders. Ihr geht es nicht um stilvolles Understatement. Schiaparellis Erfolg basiert auf ihren ungewöhnlichen Ideen, Trompe-l'œil oder orientalische Motive, Tätowierungsmuster, eingestrickte Skelette und eingestickte Schleifen. Eine Armenierin fertigt die Pullover für sie. Bald arbeiten mehrere Strickerinnen für Schiaparelli, denn ihre Entwürfe schlagen unmittelbar ein. Eine amerikanische Firma bestellt gleich 40 Stück mit dazu passenden Röcken. In Hollywood werden die ungewöhnlichen Kleidungsstücke zum Geheimtip. Katharine Hepburn, Greta Garbo und Joan Crawford bestellen die Entwürfe der «Schiap». Und sechs Jahre nachdem diese bettelarm in die Seine-Metropole kam, unterhält sie ein eigenes Geschäft in der eleganten Rue de la Paix. 1930, also drei weitere Jahre später, beschäftigt sie schon über 2000 Personen.

Schiaparellis Mode war die perfekte Antwort auf die nach Buntem und Phantasievollem hungernden Gemüter nach der Großen Depression. Ihre Kreativität kannte keine Grenzen: Sie ließ sich von den im Rom ihrer Kindheit gesehenen Priester- und Nonnenkleidern, griechischen Statuen wie auch den seinerzeit in Paris aktuellen Kunstwerken der Fauves, des Kubismus, Dadaismus oder Surrealismus inspirieren. Regelmäßig arbeitete sie mit bekannten Künstlern zusammen. Viele der Resultate schrieben Modegeschichte. Für einen von Schiaparellis Jackenentwürfen zeichnet Cocteau eine Frauenfigur. Aufgestickt wirkt diese so, als ob sie die Trägerin umarme. Elsa Triolet und Louis Aragon kreieren der Modemacherin ein Kollier aus Aspirintabletten. Schiaparellis enger Freund Dalí entwirft für sie einen Hut in Schuhform oder eine Tasche in Gestalt eines Telefons. Die Schiap selbst regt 1937 Dalís originelles «Hummertelefon» zu einem fließenden cremefarbenen Seidenkleid mit einem aufgedruckten Hummer und dazu passendem Gürtel an. Sie erfindet ein «Insektencollier» mit in transparente Glieder eingefaßten Insektenfiguren, setzt Reißverschlüsse auf Seidenroben und läßt Stoffe ganz und gar mit Zeitungsbuchstaben bedrucken. Ein anderes Kleid wirkt wie zerfetzt – der Druck suggeriert, daß der wunderschöne Stoff an einigen Stellen gerissen sei.

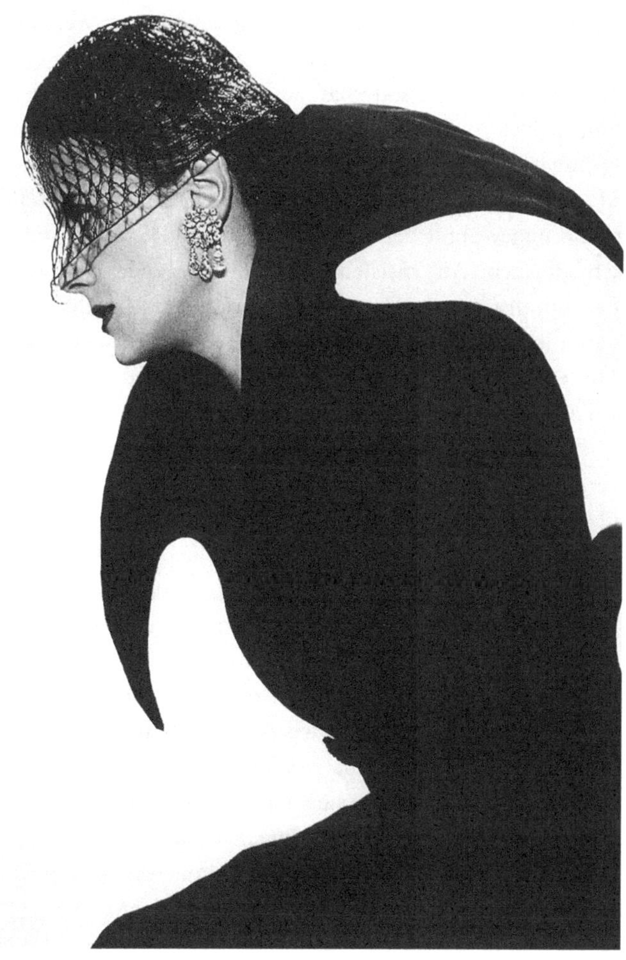

Typisch «Schiap»: Der rasante Kragen dieses Kostüms von 1949 soll vor Kälte schützen. Die beiden Spitzen lassen sich bei Bedarf unterm Kinn verknoten.

«Stop, Look and Listen» hieß ihre Kollektion 1935 – und dieser Titel könnte von da an über ihrem ganzen Werk stehen. Bis zum Einmarsch der Deutschen in Paris richtet sich die Aufmerksamkeit der Modewelt auf die kleine zarte Italienerin. Eine Kollektion nennt sich «Musikinstrumente», eine andere «Schmetterlinge», eine dritte «astrologische Kollektion». Jedes Thema entfacht bei ihr ein Feuerwerk der Phantasie, beflügelt sie zu ungewöhnlichen Drucken, Stickereien, Knopf- oder Taschenformen. Am meisten Aufsehen erregen die vom Circus Barnum inspirierten Entwürfe: Seiltänzer und Jongleure ziehen durch ihre Modenschau, Clowns und Elefanten schmücken die Modelle. Die Mannequins tragen Eistüten auf den Köpfen, und auf einigen Kleidern steht «Vorsicht, frisch gestrichen».

«Sie ohrfeigte Paris. Sie quälte es. Sie verhexte es. Und Paris verliebte sich wahnsinnig in sie», schrieb Yves Saint Laurent über Elsa Schiaparelli.[39] Und sie schenkte Paris und der Mode Witz und Humor. Doch bei aller Schrillheit und Exzentrik der Entwürfe verlor sie die Bequemlichkeit nie aus den Augen. Sportswear ist das Grundprinzip ihrer vordergründig so unpraktisch wirkenden Kleidung. Schiaparelli konnte selbst weder nähen noch stricken oder Schnitte entwerfen. Doch sie verstand die modernen Zeiten, in denen der Schnitt und die gute Paßform für die Trägerin eine *conditio sine qua non* darstellten. Schließlich mußte sie ja, wie Chanel es formuliert hatte, jederzeit in der Lage sein, «im Laufen einen Bus zu kriegen». Selbst die Kleider für den Abend umflossen schmeichelnd den Körper. Kostüme waren mit ihren schlanken Taillen auf Figur geschnitten. Sie konnten schlicht daherkommen und bargen doch einen Clou wie etwa die elegante Bolerojacke mit großen Knöpfen, die eines von Schiaparellis großen Erfolgsstücken wurde.

Neben den Hollywood-Stars, die den Glamour der Entwürfe schätzten, kamen viele Kundinnen der Schiaparelli aus einem ganz anderen Umfeld: vornehme Damen, deren Ehemänner im diplomatischen Dienst unterwegs waren, ein Bankhaus führten oder ein Unternehmen besaßen. Eigentlich hätte man von diesen Frauen eher ein konservatives Kleidungsverhalten erwartet. Doch sie schätzten die Qualität der Kleidung, den perfekten Sitz und natürlich das gewisse Etwas, das bewirkte, das alle Blicke sich nun auf sie richteten. Schiaparelli kam dabei zugute, daß sie exakt dem Umfeld entstammte, in dem ihre Kundinnen sich bewegten. Sie selbst war absolut parkettsicher, und auch wenn sie ihre Biographie *Shocking Life*[40] nannte, wirkt ihr Leben, verglichen mit dem ihrer großen Konkurrentin Chanel, insgesamt doch eher leise und skandalfrei.

«Diese italienische Künstlerin, die Kleider macht», nannte Chanel die Schiap. Sie selbst hatte immer betont, daß Mode nichts mit Kunst zu tun habe. Folglich war – im Umkehrschluß – ein Künstler auch kein Modemacher. Sicher beruhte dieses Verdikt auf Eifersucht. Schließlich schaffte es Elsa immer wieder, ihre Kollektionen zur Sensation der Modeszene zu machen. Und: Sie entstammte genau den Kreisen, in die Chanel nur mit viel Anstrengung aufgenommen worden war. Für die Schiaparelli öffneten sich hingegen die Türen der Paläste und Großbürgerhäuser mit Leichtigkeit. Und doch hatte Coco Chanel mit ihrem Urteil nicht ganz unrecht. Denn Elsa Schiaparelli verstand im Grunde Mode als Kunst.[41] In ihren Memoiren beschrieb sie ihren Weg als von der bildenden Kunst kommend und dann erst zur Mode führend:

«Ein- oder zweimal kam mir in den Sinn, daß ich, statt zu malen oder zu bildhauern – was ich beides ganz gut beherrschte –, mir Kleider oder Kostüme ausdenken könnte. Das Entwerfen von Kleidern ist übrigens für mich nicht einfach ein Beruf, sondern eine Kunst.»[42]

Natürlich konnte sie sich in die Bedürfnisse ihrer Kundinnen einfühlen, und natürlich war sie auch eine gute Geschäftsfrau (sie wußte wie Chanel, daß ein hoher Preis Kleidungsstücke eher begehrenswerter und damit verkäuflicher macht). Und doch hat sich der Name Chanel mit um ein Vielfaches größeren Buchstaben in die Modegeschichte eingeschrieben. Vielleicht liegt dies in der Tat daran, daß Elsa Schiaparelli eher eine Künstlerin denn eine Designerin war. Ihre Kleidung wirkt bei allem Komfort nicht so variabel und alltagstauglich wie die von Chanel. Auch verhinderte gerade die übergroße Kreativität, die ihre Entwürfe prägte, das Entstehen eines wiedererkennbaren, kontinuierlichen Stils. Und auch wenn sich Schiaparelli aufgrund ihrer Eleganz zum Vorbild ihrer Kundinnen machte, luden ihre komplexen Kleidungsstücke (mit Ausnahme der vielfach kopierten Pullover) nicht so sehr zur Nachahmung ein wie die schlichten, doch auf den Punkt gebrachten Entwürfe der Chanel. Zudem taugte die ungewöhnlich attraktive Coco Chanel noch mehr als die elegante Schiaparelli zur Modeikone. Es ist sicher kein Zufall, daß die Schiaparelli-Kundinnen selbst Damen mit angeborenem oder anerzogenem Stilgefühl waren, die zwar eine Inspiration, doch kein übergroßes Idol brauchten. Elsa Schiaparelli schenkte der Mode zahlreiche, bahnbrechende Ideen. Doch Coco Chanel prägte einen Stil.

Nach dem Zweiten Weltkrieg war die Glanzzeit der Schiap vorbei. Vorher hatte sie noch einige originelle Ideen wie die Lancierung ihres Parfums «Shocking» oder des Herrenduftes «Snuff» verwirklicht. Und zum Kriegsbeginn brachte sie eine Kollektion mit dem Namen «Cash and Carry» heraus für Menschen im Ausnahmezustand, «auf der Flucht», mit Taschen, in die alles Notwendige hineinpaßte, oder einer getarnten Abendrobe, die wie ein Tageskleid wirkte. Man mußte sie nur durch Ziehen an Bändern verlängern. Auch gab es einen Overall, den man bei Fliegeralarm schnell überstreifen konnte. Doch dann emigrierte sie in die Vereinigten Staaten. Hier engagierte sie sich für das Rote Kreuz – ein Zug, der das sympathische Bild dieser witzigen und selbstbewußten Modemacherin komplettiert. Als sie nach dem Zweiten Weltkrieg nach Paris zurückkehrte und ihre Arbeit wieder aufnahm,[43] konnte sie nicht an ihre Erfolge anknüpfen. Die Zeiten hatten sich geändert. Der neue Star hieß Christian Dior, und Humor und Ironie waren beim New Look nicht mehr gefragt. 1954 schloß sie ihr Haus; nur ihre Parfums wurden weiter vertrieben. 1973 erlitt sie einen Schlaganfall und starb. Doch die Einsamkeit, unter der Chanel am Ende ihres Lebens litt, mußte sie nicht erleben. Schiaparelli pflegte ihre Freundschaften zu Künstlern und lebte abwechselnd in der Rue de Berri und in Hammamet. Ihre Tochter Gogo heiratete den US-Diplomaten Robert Berenson. Und durch ihre beiden Enkelinnen Marisa und Berinthia taucht der Name Schiaparellis doch immer wieder in den Annalen der Zeitgeschichte auf. Die wie ihre Großmutter hochelegante Marisa stieg zum Starmannequin der 70er und 80er Jahre auf und machte auch als Schauspielerin («Cabaret») von sich reden. Berinthia «Berry» wurde eine bekannte Modefotografin und heiratete den Schauspieler Anthony Perkins. Und in Zusammenhang mit Berry war auch der Name der Großmutter Elsa Schiaparelli vor wenigen Jahren plötzlich wieder in aller Munde: bei den Nachrufen auf die unter furchtbaren Umständen zu Tode gekommene Berry Berenson Perkins. Sie war einer der Passagiere des Fluges 11 von American Airlines, der ersten der beiden Maschinen, die am 11. September 2001 in das New Yorker World Trade Center rasten.[44]

4. «Wenn eine Frau lächelt, dann muß auch ihr Kleid mit ihr lächeln»: Madeleine Vionnet

Eines Tages beschloß der französische Modeschöpfer Azzedine Alaïa, sich die Entwürfe von Madeleine Vionnet im Pariser Modemuseum anzuschauen. Alaïa gilt als Meister der Drapierungen und Raffungen, und wahrscheinlich sah er die Vionnet als eine Art Pionierin seiner Kunst an. Bei seinem Rundgang stieß er auf ein weißes, formlos von einem Bügel herabhängendes Kleid. Dieses Vionnet-Kleid, beschied ihm die Kuratorin, ließe sich unmöglich korrekt drapieren – möglicherweise ein unfertiger Entwurf. «Vier Stunden habe ich gebraucht, um die Lösung zu finden», erzählte Alaïa später. «Aber ich habe es geschafft.»[45] Eine bestimmte Choreographie von Handgriffen war nötig, um die Stoffbahnen wieder ihrer Bestimmung zuzuführen. Heraus kam eine beinahe überirdisch schöne Robe, ein Kleid, das wirkt, als wären einer griechischen Statue Leben und Leichtigkeit eingehaucht worden.

Es gibt neben dieser noch eine Reihe anderer Anekdoten, die die Raffinesse und Komplexität der Entwürfe von Madeleine Vionnet dokumentieren. Etwa die von der reichen Kundin, die ausgehen will, doch – schon geschminkt und beschuht – es nicht schafft, aus dem zarten Chiffon das Kleid wiederherzustellen, das sie im Atelier probiert hat. Und als der wartende Ehemann schließlich lospoltert, er fahre jetzt alleine los, sagt sie: «Das geht nicht. Der Chauffeur ist losgefahren, um meine Absteckerin abzuholen.»[46]

Madeleine Vionnet, schreibt Valerie Steele, hat «einige der schönsten jemals gefertigten Kleider»[47] gemacht. Die legendäre Diana Vreeland betrachte sie lange sogar als die «wichtigste Modeschöpferin des 20. Jahrhunderts.»[48] Doch für Vionnets Kundinnen war es offenkundig manchmal nicht ganz einfach, diese vornehmsten aller damaligen Entwürfe zu tragen. Dies mag einer der Gründe sein, warum der Name Vionnet heute fast noch mehr als der Elsa Schiaparellis in Vergessenheit geraten ist. Vionnets Roben verlangten nach einer Kundin, die eben nicht eilig irgendein Teil über den Kopf ziehen wollte, sondern nach einer Kennerin, die neben der Liebe zu Stoffen und Gewändern auch eine ganze Menge Zeit aufbringen konnte. Es war nicht die moderne Frau, der dieser Stil gewidmet war, auch wenn

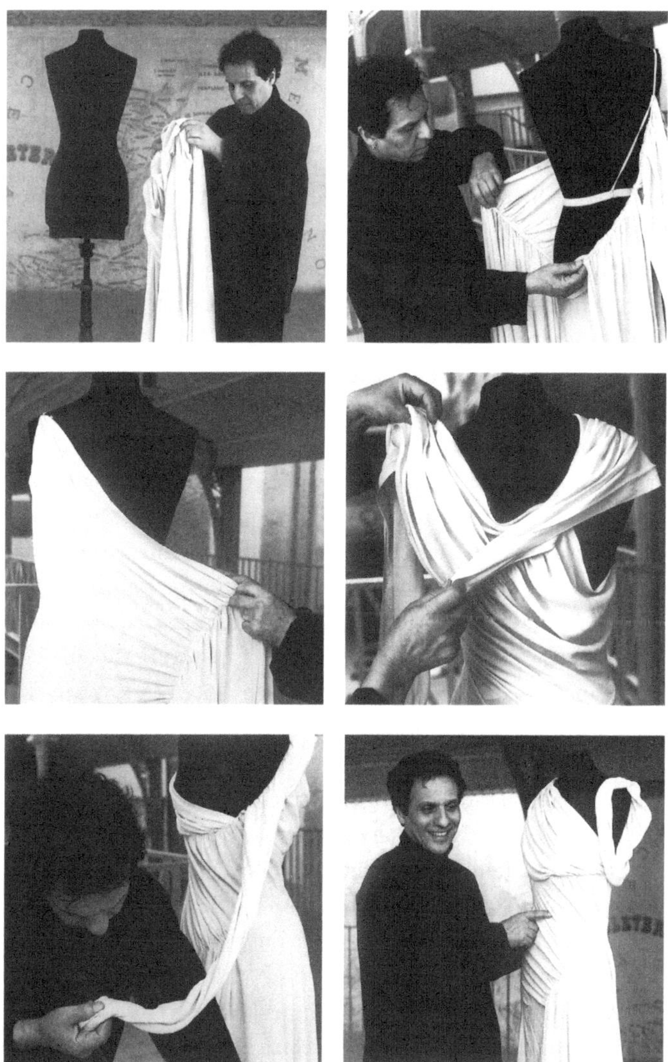

Eine komplizierte Choreographie von Handgriffen. Azzedine Alaïa bringt ein Vionnet-Kleid geschickt wieder in die richtige Form.

eine ganze Menge Avantgardistinnen seinerzeit für Vionnet schwärmten. Die Schneiderin selbst hingegen verstand sich als außerhalb der Mode agierend. «Wenn man behaupten kann, daß es heutzutage eine Schule Vionnet gibt, dann vor allem deswegen, weil ich gezeigt habe, daß ich die Mode ablehne. Es verbirgt sich in diesen saisonalen, flüchtigen Kapricen etwas Oberflächliches, Instabiles, das meinen Sinn für Schönheit beleidigt.»[49]

In demselben Gespräch behauptete sie, Kleider für ganz verschiedene Frauen zu machen. Doch dann kam der Nachsatz: «Mein ganzes Leben lang habe ich versucht, eine Art Arzt der Silhouette zu sein, und als Arzt wollte ich erreichen, daß meine Kundinnen den eigenen Körper respektieren, sich sportlich betätigen und eine strikte Körperpflege betreiben, damit er für immer von seiner ihn verformenden Rüstung befreit bleibe.»[50] Die Rüstung war natürlich das Korsett, auf das Vionnets Entwürfe schon zu Beginn ihrer Karriere verzichteten. Als sie Anfang des 20. Jahrhunderts als Angestellte des Couturiers Jacques Doucet hauchzarte Kleider ohne Korsett entwarf, boykottierten die Verkäuferinnen teilweise diese «wäschigen Entwürfe». 1932 sah man durch ein Kleid sogar die Brustwarzen durchschimmern – damals ein Skandal. Doch Vionnet zielte nicht auf Provokation. Sie verwirklichte mit ihren Kleidern eher ihr griechisch geprägtes Schönheitsideal, das auch bei der Einrichtung ihrer Geschäfte ganz offenkundig sichtbar wurde. Ihr Modehaus in der Avenue Montaigne zierten Fresken im Stil der Antike, auf denen griechische Schönheiten in Vionnet-Entwürfen zu sehen waren. Ihre Kundinnen mußten schmal und athletisch gebaut sein – eigentlich über trainierte Tänzerinnenkörper verfügen. Möglicherweise hat die junge Vionnet sich zu Beginn von der Tänzerin Isadora Duncan, damals Protagonistin einer neuen Antikenbegeisterung, inspirieren lassen. Eine der spektakulärsten Fotostrecken ihrer Mode erschien 1931 in der *Vogue* unter dem Titel

Bas-Relief. Der Fotograf Georg Hoyningen-Huene setzte dabei Vionnets Starmannequin Sonia als griechische Tänzerin in Szene, barfuß wie einst die Duncan und in einem schmeichelnden Musselingewand mit wehenden Schals. Die aus Rußland stammende Sonia mit den hohen Wangenknochen, dem langen Hals und dem grazilen Körper verkörperte Vionnets Schönheitsideal perfekt. Mit 1,65 Meter war sie lediglich etwas kleiner als Vionnets Traumkundin. Hochgewachsen, schlank, blond und attraktiv sollte diese sein – schöne Frauen schwärmte die Modemacherin regelrecht an. «Wenn ich eine häßliche, untersetzte oder fettleibige Frau bei mir sähe, würde ich sie hinauswerfen»,[51] behauptete Vionnet einmal und bediente daher außer bestimmter Kundinnen wie etwa die Herzogin von Windsor niemanden in ihrem Salon, sondern zog sich gleichsam auf der Flucht vor der eigenen Strenge zurück. Solch eine Haltung anderen gegenüber, würde man meinen, setzt ein perfektes Äußeres des Urteilenden voraus. Doch Vionnet bezog ihren Maßstab nur auf ihre Kundin. Sie selbst war klein und kräftig und beschrieb sich selbst als «untersetzt» und «plump». «Ich habe niemals Kleider für mich selbst entworfen, außer Sackkleider»,[52] sagte sie.

Einem klassischen Künstler gleich, ging es ihr um die Realisierung eines zeitenthobenen Schönheitsbegriffs. Und dazu bediente sie sich der Haute Couture, der «hohen Schneiderkunst» im wahrsten Sinne des Wortes. Anders als Coco Chanel oder Elsa Schiaparelli hat Madeleine Vionnet ihr Metier von der Pike auf gelernt. Sie stammte aus äußerst bescheidenen Verhältnissen. Am 22. 6. 1876 wurde sie in dem kleinen Ort Chilleurs-aux-Bois im französischen Loiret geboren, wuchs aber in Aubervilliers im Jura auf.[53] Den Jura betrachtete sie zeitlebens als ihre Heimat. Ihr Vater erzog sie allein, da sich die Eltern getrennt hatten, als Madeleine zwei Jahre alt war. Und obwohl sie eine begabte und begeisterte Schülerin war, entschloß sich Abel

Vionnet, seine Tochter Madeleine in eine Schneiderlehre zu geben. Eine Nachbarin hatte ihn anscheinend davon überzeugt. Mit 18 arbeitet sie in Paris und heiratet. Als das Baby des jungen Paares stirbt, trennt sich Madeleine von ihrem Mann. Sie «emanzipiert» sich, verläßt den vorgezeichneten Pfad und geht nach England zu Kate Reilly, die damals die Damen der englischen Aristokratie einkleidet. 1901 kehrt sie nach Paris zurück und nimmt ein Angebot der damals berühmten Schwestern Callot an.[54] Und damit perfektioniert die junge Frau ihr Können. «Sie war es, die mich lehrte, Rolls-Royce zu machen. Ohne sie wären es nur Fords geworden»,[55] sagte die Designerin später über ihre Lehrmeisterin Madame Gerber, die älteste der drei Callot-Schwestern. Es folgt die Zeit bei Jacques Doucet, der ihr anbietet, eine eigene Linie zu realisieren, und schließlich die Selbständigkeit mit 100 000 gesparten und 200 000 geborgten Francs als Startkapital für den 1912 eröffneten Salon in der Pariser Rue de Rivoli, 222. Und obwohl sie der Erste Weltkrieg zwingt, zwischenzeitlich zu schließen, kann der Erfolg bei einem solchen Können nicht ausbleiben. Zwanzig Jahre lang fertigt Madeleine Vionnet ihre legendären Kleider und verkauft diese an reiche und berühmte Frauen. In den 30er Jahren beschäftigt sie 1200 Arbeiterinnen in ihren Ateliers mit Schnittabteilung, Pelzfertigung und sogar einem eigenen Raum, um Accessoires wie Schleifen oder Stoffrosen zu bügeln. Ihre Herkunft vergaß die Couturière dabei nie – anders als Coco Chanel sensibilisierten ihre Erfahrungen sie für soziales Engagement. Den Näherinnen, die von Chanel kamen, soll das Haus Vionnet wie das «Hotel Ritz» vorgekommen sein. Lichte, riesige Ateliers, ein eigenes Restaurant, eine Krankenstation und eine Zahnarztpraxis mit kostenloser Behandlungsmöglichkeit – all dies stellte sie ihren Angestellten zur Verfügung. Hinzu kam bezahlter Urlaub, was damals noch keine Selbstverständlichkeit war. Madeleine Vionnet war eine «grande patronne»[56] und zugleich

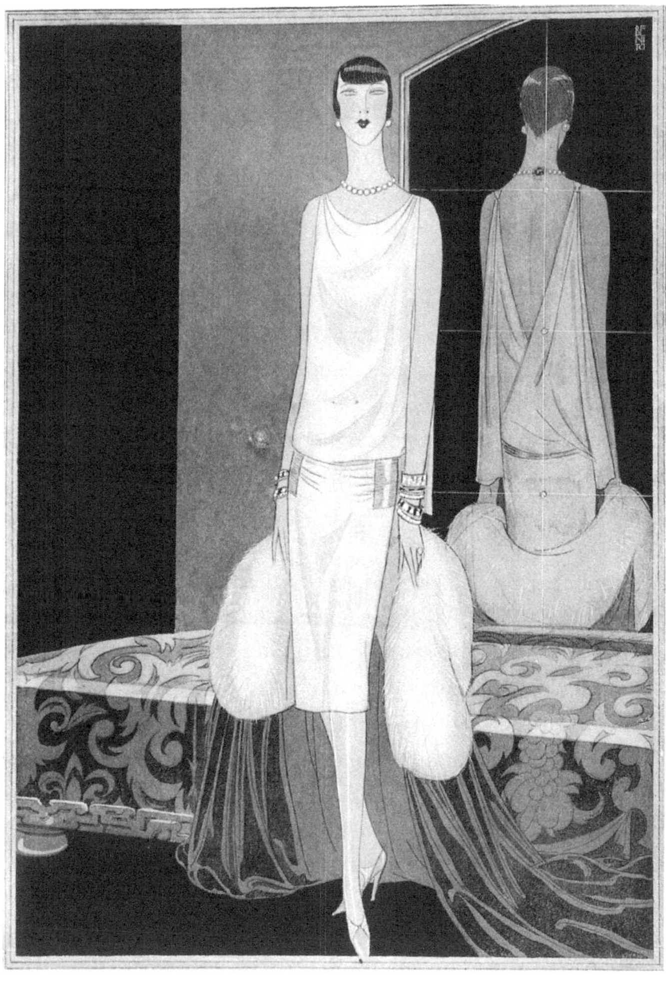

Rolls-Royce der Mode: Vionnets Entwürfe waren umwerfend elegant. Hier ein kurzes Abendkleid mit raffiniertem Rückenausschnitt von 1926.

vielleicht die begabteste Designerin des 20. Jahrhunderts. Als sie bei Ausbruch des Zweiten Weltkriegs endgültig schloß, bedeutete dies einen großen Verlust für die Modewelt.

Die herausragende Leistung der Vionnet bestand in ihrem neuartigen Umgang mit dem Stoff. Ihre Kleider wirkten, als ob sie eine Art Eigenleben hätten, umflossen den Körper der Trägerin und vollzogen dessen Bewegungen nach. Statt den Stoff dem Fadenlauf folgend zuzuschneiden, verarbeitete Madeleine Vionnet ihn schräg verlaufend. Sie gilt daher auch als Erfinderin des Diagonalschnitts, der heute noch eine der wichtigsten Techniken der Couture ist. Allerdings sind sich Modehistoriker weitgehend darüber einig, daß die Designerin diesen nicht neu entwickelt hat, sondern ihn einfach perfektionierte und systematisch der Architektur eines Kleides anpaßte. Schon vorher gab es einzelne Teile, die im Diagonalschnitt gefertigt wurden.

Vionnet selbst sagte später, sie sei gleichsam zufällig auf diese Technik gestoßen. Bevor sie einen Schnitt entwickelte, pflegte sie den Stoff um eine etwa 80 Zentimeter hohe Puppe aus Palisanderholz zu drapieren. Bei dieser Arbeit sei sie darauf gestoßen, daß der Stoff, diagonal gelegt, sehr viel besser falle. Natürlich hat ihre Entdeckung nicht so sehr mit einem Zufall, sondern mit ihrem großen Können und ihrer Aufmerksamkeit für die Wirkung von Stoffen zu tun. Fast mathematisch genau setzte sie ihre Beobachtungen dann im geometrischen Schnitt eines Kleides um. Das Ergebnis war umwerfend. Issey Miyake, selbst ein Schnittmeister unter den Designern, verglich ihre Roben einmal mit einem Meisterwerk der griechischen Bildhauerkunst, der Nike von Samothrake: «Ich glaubte, daß die Nike-Statue durch die Kleider von Vionnet wieder zum Leben erweckt worden sei. Sie hatte den schönsten Aspekt der klassischen griechischen Ästhetik eingefangen: den Körper und die Bewegung.»[57]

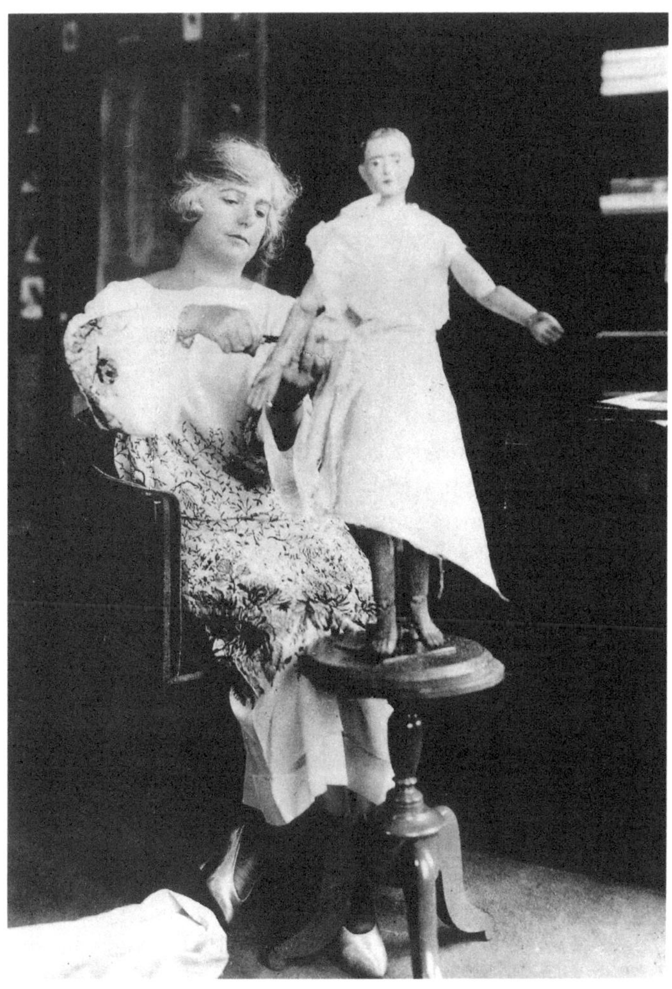

Vionnet und ihre berühmte Holzpuppe, auf der sie die Drapierungen ausprobierte.

Zwar verstand Vionnet mehr vom perfekten Schnitt als die Autodidaktinnen Chanel oder Schiaparelli, doch dafür war sie (ebenfalls im Unterschied zu den beiden) keine Stilikone. «Sie sah aus wie eine Gouvernante, doch sie ließ andere Frauen wie Göttinnen erscheinen», schreibt Valerie Steele.[58] Zwar kleidete sich die Designerin tadellos, doch fehlte ihr jeglicher Glamour. Und auch ihr Leben wirkt trotz eleganter Ferienhäuser und der zunächst romantisch anmutenden Ehe mit einem 18 Jahre jüngeren Russen überhaupt nicht mondän oder schillernd. Ihrem Mann, dem Offizier Dmitri Netchvolodoff, den sie 1920 heiratete, gegenüber spielte sie eine eher mütterliche Rolle. Sie übertrug ihm die Verantwortung für ein Schuhgeschäft, doch sein anfängliches Interesse erlahmte bald. Und auch ihr Ferienhaus in Bandol, ein wunderbares, strahlendweißes Domizil, diente wohl vor allem seiner Unterhaltung. 1943 ließ sich das ungleiche Paar scheiden. Doch als er Soldat wurde, machte sie sich große Sorgen um ihn – auch dies ein Zeichen für ihre andauernde Fürsorge. Zurückgezogen und bescheiden: So kann man den Lebensstil der Vionnet auch im Alter charakterisieren. Sie gärtnerte gerne in ihrem Bauernhaus in Cély, las viel und unterrichtete nach dem Ende des Zweiten Weltkriegs andere im Diagonalschnitt. Als ihre Beweglichkeit nachließ, empfing sie Besucher in ihrem Salon. Aus diesen letzten Lebensjahren existiert die wunderbare Fotografie einer rosigen und hübschen alten Dame mit Brille auf der Nase und einem Buch in der Hand, in einem Sessel thronend. 99jährig starb Madeleine Vionnet.

Ihre Zurückgezogenheit mag ein Grund sein für die heutige Stille, die den Namen Vionnet umgibt. Zwar hat sie selbst frühzeitig für die Archivierung ihrer Entwürfe gesorgt. Kaum ein Werk ist so gut dokumentiert wie das von Madeleine Vionnet. Doch es ging ihr immer in erster Linie um ihre Kleider, nicht um die eigene Person. Madeleine Vionnet eignete sich vielleicht am wenigsten von allen hier besprochenen Designerinnen als Stilvorbild der eigenen Kundin. Den großen Vorteil einer weiblichen Modeschöpferin konnte sie nicht nutzen. Sie war eine grandiose Schneiderin, doch kein Marketinggenie. In Zusammenarbeit mit dem Designer Boris Lacroix und dem Parfumhaus Coty entwickelte sie vier verschiedene Düfte in ästhetischen Flakons. Doch es gab nie eine große Lancierung der Parfums, was einer verschleuderten Chance gleichkommt. Vionnet schaffte es nicht, ein wirkliches Markenimage zu hinterlassen. Immerhin gibt es heute wieder Mode unter der Marke Vionnet: feine Haute Couture, entworfen von der Griechin Sophia Kokosalaki.

Bei Insidern gilt der Name der Französin noch heute als legendär. Doch er verbindet sich nicht mit dem Antlitz einer Person, sondern mit dem Schnitt eines Kleides. «Wenn eine Frau lächelt, dann muß ihr Kleid mit ihr lächeln»,[59] soll Madeleine Vionnet einmal gesagt haben. Doch die Frau im lächelnden Kleid war nicht sie selbst.

5. «Paris hatte Chanel, Amerika McCardell»: Andere Modemacherinnen

Chanel, Schiaparelli oder Vionnet waren zwar die klangvollsten, aber bei weitem nicht die einzigen Namen weiblicher Modeschöpfer zwischen den Weltkriegen. Die 20er und 30er Jahre eröffneten zahlreichen schicken und mondänen Frauen die Möglichkeit, ein kleines Atelier zu eröffnen und eventuell zu expandieren. Die Couture gab den Takt vor, ein oft kleines und exklusives Geschäft. Und immer noch besaß sie genügend Kundinnen, die für originelle Schnitte, edle Materialien und aufwendige Handarbeit bereit waren, exorbitante Preise zu bezahlen. Während Deutschland ab den 30er Jahren durch den Nationalsozialismus auch kulturell verödete, huldigten Frankreich und damit auch ein guter Teil der westlichen Welt künstlerischer

Raffinesse und glamouröser Eleganz. Als Berlin jegliche Mondänität verloren hatte, blieb Paris Dreh- und Angelpunkt der kulturellen Avantgarde. André Breton, Jean Cocteau, Paul und Nusch Éluard, Yvan und Claire Goll, Picasso oder Man Ray ließen die Strahlkraft der französischen Metropole noch einmal auffunkeln, bevor sie durch die deutsche Besatzung zunächst erlosch. Wie Chanel bewegten sich auch andere geistreiche und selbstbewußte Frauen in diesen Zirkeln – die Freiheit, die ihnen die Wirren des Ersten Weltkriegs eröffnet hatten, ließen sie sich nicht mehr nehmen.

Die Künstlerin Sonia Delaunay (1885–1979) war ein Paradebeispiel für diese Damen, die den später so oft bemühten Unterschied zwischen «inneren und äußeren Werten» auf stilvolle Weise ignorierten, indem sie ganz selbstverständlich Intellekt und Attraktivität vereinten. Delaunay stammte aus der Ukraine und lebte nach dem Kunststudium in Karlsruhe und Paris ab 1910 mit ihrem Mann, dem Maler Robert Delaunay, in der Rue des Grands Augustins. Das dortige gemeinsame Atelier war Treffpunkt eines Kreises von Malern, Musikern und Schriftstellern, unter ihnen auch Guillaume Apollinaire. Die Delaunays wurden bekannt für ihre «Contrastes simultanés», der gleichzeitigen (simultanen) Präsenz warmer oder kalter Farben, komplementärer oder benachbarter Töne auf einem Bild, die sich in ihren optischen Effekten gegenseitig beeinflussen. Die Geburt ihres Sohnes 1911 inspirierte Sonia dazu, dem Kind eine Wiegendecke mit einem leuchtenden abstrakten Muster in Patchworktechnik zu entwerfen. Bald kreierte sie auch «simultanistische» Kleider und Westen, die sie bei ihren Besuchen in dem Tanzpalast *Le Bal Bullier* trug. Nach einem Bericht Apollinaires waren die Kleidungsstücke aus Stoffstreifen aus unterschiedlichen Materialien und in verschiedenen Farbzonen gefertigt. Rosé, Scharlachrot, Gelborange und Dunkelblau leuchteten dabei «um die Wette».[60] Die Kleider waren derart beeindruckend, daß sie den Dichter Blaise Cendrars zu dem 1914 entstandenen Gedicht *Sur la robe/Elle a un corps (Auf dem Kleid trägt sie einen Körper)* inspirierten. Der Körper sollte gleichsam durch das Kleid sichtbar werden, gemeinsam verschmolzen beide zu einem Gesamtkunstwerk. Kein Wunder, daß diese «Wunderwerke» in Serie gehen mußten. Nach einem Zwischenspiel der Delaunays in Madrid (wo sie auch Kostüme gestaltete) entwarf Sonia ab 1923 für die Lyoner Seidenweberei Bianchini Férier Stoffmuster. Wenig später eröffnete sie in Paris ein eigenes Modeatelier und verkaufte Mäntel, Jacken und Seidenkleider. Nicht so sehr dank ihrer – relativ konventionellen – Schnitte, doch aufgrund der fast magischen Anziehungskraft ihrer Farbblöcke war die Künstlerin mit ihren «Robes simultanées» recht erfolgreich. 1927 hielt sie sogar an der Sorbonne einen Vortrag über den «Einfluß der Malerei auf die Kleidungskunst». Mittlerweile zählten Glamourdiven wie Gloria Swanson oder die reiche englische Reederstochter Nancy Cunard zu ihren Kundinnen. Doch die Wirtschaftsrezession hinterließ ihre Spuren: 1929 gab sie ihr Ladengeschäft auf. Zwei Jahre später entschloß sie sich, zur Malerei zurückzukehren. Später begründete sie dies damit, daß sie damals schon den Siegeszug des Prêt-à-porter vorausgesehen habe und damit den schrittweisen Rückgang der Couture mit ihren Kleidern, die Kunstwerken glichen.

Germaine Barton (1900–1993) und Nina Ricci (1883–1970) stiegen in den 30er Jahren zu gefeierten Modemacherinnen auf. Barton nannte sich erst einfach «Alix» und später Madame Grès (der Name war ein Anagramm des Vornamens ihrer Mannes, des russischen Malers Serge Czerefkov) und reüssierte mit einer an Vionnet erinnernden klassischen Eleganz. Die Kleider wurden in Manier antiker Gewänder direkt am Modell zusammengesteckt, da Grès das Zerschneiden von Stoffen haßte. Sie arbeitete wie Vionnet dreidimensional, und ihre Abendkleider aus plissiertem Jersey ließen eine schöne Frau wie eine Skulptur erscheinen. Ursprünglich hatte Madame Grès Bildhauerin werden wollen. Natürlich paßten derartige Roben perfekt zu den Filmheldinnen jener Zeit. Daher stattete Alix Grès auch zahlreiche Filme aus. Die Begum, Prinzessin Gracia de Monaco und Marella Agnelli zählten zu ihren Kundinnen. Der Niedergang der Haute Couture traf diese anspruchsvolle Modemacherin bis ins Mark. 1987 machte ihr Haus Bankrott. Allerdings kaufte eine japanische Gruppe ein Jahr später den Namen, und es gab wieder Kollektionen aus dem Hause Grès. Madame Grès selbst starb 1993, verarmt und von der Öffentlichkeit zunächst weitgehend unbemerkt, in einem Altenpflegeheim. Zu Klassikern avancierten einige ihrer Parfums wie «Cabochard» oder «Grès pour Homme».

Nina Ricci gilt als Pionierin junger verspielter Weiblichkeit. Sie stammte aus Turin, begann schon mit 14 Jahren eine Lehre als Näherin in Paris, wo sie bald zur Atelierchefin aufstieg. Erst 1932 allerdings, fast 60jährig, eröffnete sie zusammen mit ihrem Sohn Robert ein eigenes Couture-Haus. Ricci entwarf mit großem Erfolg Kleider, Accessoires und Pelze. Ihr Stil, der Mädchenhaftigkeit und Sinnlichkeit verband, verbuchte bald große Erfolge und ist auch heute noch aktuell. Designerinnen wie Stella McCartney und Phoebe Philo pflegen einen ähnlichen Mix. Auch das Haus Nina Ricci selbst besteht noch und steht weiterhin für feminine Romantik. Im September 2006 konnte es mit dem von Rochas kommenden Belgier Olivier Theyskens sogar einen veritablen Star-Designer als Kreativchef verpflichten. Allerdings verbinden inzwischen viele mit dem Namen Ricci eher einen Duft: «L'Air du Temps», 1948 in einem von René Lalique kreierten Flakon lanciert, gilt bis heute als eines der erfolgreichsten Parfums der Welt.

Neben Paris avancierte New York allmählich zu einem Fixstern am Firmament der eleganten Welt. Der amerikanische Way of Life setzte sich auch in Sachen Mode durch, zum Ideal erhoben von der immer mächtigeren Filmindustrie Hollywoods. Millionen von Frauen bewunderten und kopierten den Kleidungsstil schöner, zugleich lässig und raffiniert gekleideter Schauspielerinnen wie Greta Garbo, Carole Lombard, Joan Crawford, Jean Harlow oder Katharine Hepburn. Ausgehend von den Vereinigten Staaten, wurde Mode massenwirksam, und die amerikanischen Einkäufer eroberten nach und nach die Schlüsselpositionen, die sie heute noch innehaben. In New York residierten die von Stil und Glamour besessenen Erben der reichen Familien, die Scott Fitzgerald in seinen Romanen verewigt hat. Und gerade hier gelang es einigen, von heute aus gesehen, unglaublich progressiven Modemacherinnen, sich zu etablieren. Es ist Valerie Steeles Verdienst, die Namen dieser Designerinnen vom Staub der Modearchive befreit zu haben. Ein ganzes Kapitel ihrer *Women of Fashion* widmet sie so unabhängigen und freigeistigen Kreateurinnen wie der aus Rußland stammenden Stilikone Valentina oder der unkonventionellen und pragmatischen Elizabeth Hawes. Nach dem Kriegsausbruch und der späteren Besetzung von Paris gewannen die US-Designerinnen weiter an Einfluß, zumal einige europäische Kolleginnen wie Elsa Schiaparelli ins New Yorker Exil geflüchtet waren. Als wichtigste amerikanische Modemacherin dieser Zeit gilt die aus Maryland stammende Claire McCardell (1905–1958). Steele schreibt sogar: «Claire McCardell ist wahrscheinlich die bedeutendste amerikanische Ready-to-wear-Designerin des 20. Jahrhunderts. Insbesondere ihr Name wird mit dem als *American Look* bekannt gewordenen Phänomen verbunden. Paris hatte Chanel, Amerika McCardell.»[61] McCardell, in Wohlstand aufgewachsene Tochter eines Bankvorstands, glich exakt dem Ideal des hübschen, frischen und sportlich durchtrainierten All-American-Girl, dem ihre Mode gewidmet war. Unkompliziert wie dieses mußten auch die Entwürfe sein. Sie paßten sich dem Alltag moderner Frauen an, waren simpel, bequem, aber dennoch

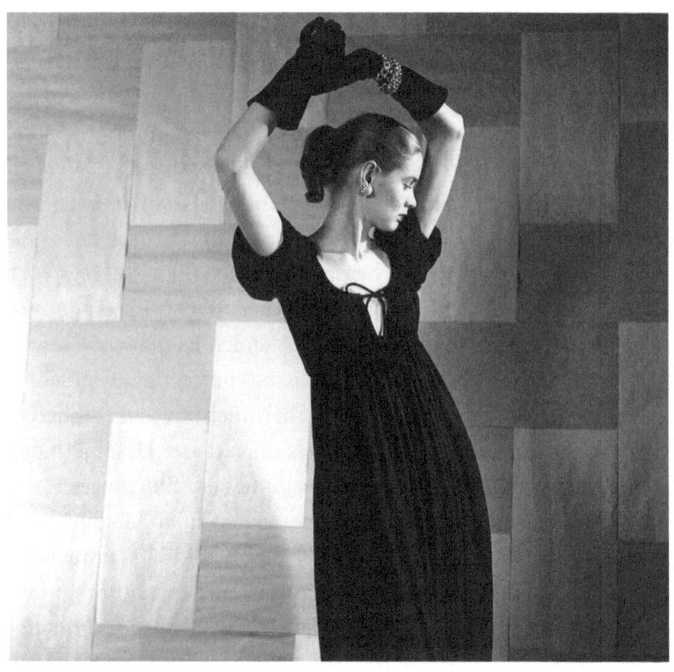

«Baby-Doll»-Kleid der amerikanischen Modemacherin Claire McCardell von 1946, fotografiert von Louise Dahl-Wolfe.

äußerst kleidsam. Und: Sie kosteten relativ wenig Geld, so daß insbesondere junge und attraktive Frauen die Entwürfe liebten. McCardell hatte an der New Yorker Parsons School of Design studiert, ein Jahr in Paris verbracht und nach ihrer Rückkehr bei einer auf Sportswear spezialisierten Firma an der Seventh Avenue gearbeitet. Kreativität, Chic und lässige Sportlichkeit mixte sie – vielleicht aufgrund der verschiedenartigen Stationen ihrer Ausbildung – zu einem anziehenden Ganzen. McCardell benutzte Denim als Material für Kostüme und Wickelkleider, sie entwarf Röcke mit großen Taschen, Badeanzüge, Jumpsuits und eine praktische sechsteilige Reisegarderobe. Flache Ballerina-Schuhe und Jersey-Schlauchkleider komplettierten ihren Stil, der Sportswear zum Gipfel der Eleganz erhob. In all diesem wirkt McCardell rückblickend ungemein fortschrittlich und wegweisend. Warum, fragte sie einmal, sollten Frauen auf der Fifth Avenue so aussehen, als würden sie auf den Champs Elysées spazieren.[62] McCardell nahm in vielem das vorweg, was Frauen wie Donna Karan, Sonia Rykiel oder Jil Sander später perfektionierten. Auch in dieser Hinsicht gleicht sie Chanel, doch fehlte ihr letztlich deren Raffinesse. Auch bewegte sie sich nicht im Umfeld der Couture, sondern einer Mode, die eben auch in Massen produziert werden konnte. Allerdings sollte dies die Mode der Zukunft werden, und weibliche Designer mit ihrem Gespür für Alltagstauglichkeit hatten dabei große Chancen. Doch zunächst sollte mit der Nachkriegszeit eine Epoche männlich dominierter Mode anbrechen, die manchmal sogar an die Zeiten von Charles Frederick Worth erinnerte.

6. «Zurück auf Los»: Die 50er Jahre

Warum die weiblichen Modemacher nach dem Zweiten Weltkrieg anscheinend vollkommen in der Versenkung verschwanden (bis auf Chanel), ist eine oft diskutierte, doch natürlich kaum endgültig zu beantwortende Frage.[63] Sicher ist, daß dieses Phänomen von Europa ausging und mit dem Aufstieg Christian Diors zusammenhing. Die weiterhin recht gut verkaufenden Designerinnen der Vereinigten Staaten spielten neben diesem absoluten Star,[64] modehistorisch gesehen, kaum noch eine Rolle. Sicher ist auch, daß sich mit dem Ende der 40er Jahre das Frauenbild radikal wandelte und in einigem dem Ideal des späten 19. Jahrhunderts glich. Die Frauen der oberen Schichten schlüpften mit zunehmendem Wohlstand wieder in die Rolle eines «weiblichen Aushängeschilds» mit wunderschönen Kleidern und phantastisch darauf abgestimmten Accessoires. Dior war ein genialer Modeschöpfer und ein unverbesserlicher Träumer. Und er schaffte es, den Frauen nach der kargen Kriegszeit ein Traumbild ihrer selbst zu geben. Vielleicht gelang es ihm sogar, noch Ungeträumtes als schon lange Ersehntes, immer Gewolltes zu präsentieren. Diors Frau in ihren teilweise wahnsinnig unkomfortablen Gewändern war eine Märchenprinzessin – genau das Gegengift zum Alpdruck der Trümmerfrau oder Kriegerwitwe, die ja notgedrungen männliche Rollen und teils auch Kleider ausfüllen mußte. Und auch wenn diese Frau eigentlich ein reines Phantasiegeschöpf mit beinahe karikaturesk übertriebenen weiblichen Attributen war, schrieb sie Modegeschichte und machte ihren Schöpfer zu einer Art neuem Modediktator.

Daß dieser Typus nach einer Ära gleichsam friedlicher Koexistenz männlicher und weiblicher Designer wie ein Springteufel aus der Kiste kommen konnte, liegt zumindest teilweise im Wandel des Modegeschäfts begründet. Statt kleiner Ateliers waren zunehmend größere Unternehmen mit Investoren gefragt. Und da kam eine Art Superstar als Aushängeschild gerade recht. Und ein kreatives Genie war in den 50er Jahren – auch in anderen Bereichen – eher als Mann vorstellbar. Gleichzeitig erstarkten konservative Werte, die das eben beschriebene Frauenbild noch begünstigten. Und daß man mit der Mode und auch ihren verantwortlichen Machern an eine längst vergangene Epoche anknüpfte, mag auch als eine Art Exorzismus gelesen werden können. Vielleicht machte man unbewußt die «Libertinage» der 20er und 30er Jahre mit ihren lockeren Sitten, «frechen» Frauen, soften Männern und ihrer fortschreitenden Demokratisierung und Aufklärung für die Auflösung gesellschaftlicher Strukturen verantwortlich, die letztlich in Totalitarismus und Krieg mündeten. Hinzu kamen der Ost-West-Gegensatz und die Ablehnung all dessen, was den Ruch des allzu Liberalen und

«Linken» hatte – ein traditionelles Frauenbild trug dem Rechnung. Frauen liefen auf Stöckelschuhen herum, sie trugen Hut und Handschuhe, schmale Taille, weiten Rock und entsetzlich unpraktische Hochfrisuren – zumindest, wenn sie reich waren und es sich leisten konnten, als eine Art «Visitenkarte» ihres wohlhabenden Mannes zu repräsentieren. Die persische Kaiserin Soraya entsprach perfekt diesem Klischee und erreichte tatsächlich eine immense Popularität. In Soraya materialisierte sich das weibliche Ideal. Sie verkörperte im wahrsten Sinne des Wortes die Märchenprinzessin, die alle sein wollten, und kann – bei allen kritischen Blicken auf jene auch modisch einengende Zeit – sicher als eine der elegantesten Frauen des 20. Jahrhunderts gelten.

Soraya hatte den Schah mit ihrer Schönheit in Bann geschlagen. Doch scheiterte die Ehe daran, daß sie ihm keinen männlichen Erben gebar. Das Traumgeschöpf hielt der Realität nicht stand. Und genausowenig konnte sich die rein aus Träumen gewebte Mode der 50er Jahre angesichts der Bedürfnisse des Alltags behaupten. Coco Chanel hatte mit ihrer Einschätzung recht gehabt. Die Zeit Diors und des New Look ging vorbei. Allerdings blieb zunächst die männliche Dominanz. Doch schon Diors Nachfolger auf dem Modethron Yves Saint Laurent läutete eine andere Epoche ein. Saint Laurent[65] (wie auch andere Designer der 60er und 70er Jahre) holten die Mode gleichsam von der Straße, verbanden Schönheit und Tragbarkeit. Und damit schlug auch die Stunde der geistigen Töchter Coco Chanels.

III. Durchbruch: Chanels Töchter

1. Aufstand: Modefrauen «von der Straße»

Die Mode gilt zu Recht als launisch. Hierin liegt ja im Grunde auch ihre Legitimation. Nur weil wir eines Kleidungsstils überdrüssig werden, sehnen wir uns nach etwas Neuem. So entsteht Mode – aus Aufstieg und Abstieg, Niedergang und Neuanfang. Der Wechsel der Mode spiegelt nicht nur Zeitgeschichte, er hat in sich selbst auch eine Eigendynamik, die fast dialektisch verläuft. Daß nach den so eleganten wie formverliebten 50ern das genaue Gegenteil folgen mußte, versteht sich somit – zumindest im Rückblick – fast von selbst. Die 60er und 70er Jahre glichen, auch modisch gesehen, einem Aufbegehren gegen Enge und Strenge. Ausgehend vom Swinging London, suchten sich die Jugendlichen ihren eigenen Stil. Kindliche Hängerkleidchen, flache Stiefel, poppige Farben und – natürlich – der Minirock glichen so gar nicht dem New Look. Die jungen Frauen, allen voran die «Erfinderin des Minirocks»[1] Mary Quant (*11.2. 1934), wollten nicht so seriös und damenhaft wie ihre Mütter wirken, ja sie hatten das Gefühl, mit der offiziellen Mode gleich um Jahrzehnte älter auszusehen. Die Rebellion kam dabei wirklich «von unten»: Mädchen wie Quant machten Geschäfte auf, verkauften erst kleine Stückzahlen und bauten sich schließlich ein Business auf. Auch in Paris trugen Modeschöpfer wie Yves Saint Laurent, Pierre Cardin und André Courrèges dieser Entwicklung Rechnung und bauten sie in ihre teils hochkünstlerischen (Saint Laurent), teils futuristischen (Courrèges und Cardin) Entwürfe ein. Die gesellschaftliche Entwicklung beförderte die Tendenz, die Mode «von der Straße» zu holen. Das Liniendiktat der Haute Couture konnte im fortschreitenden Demokratisierungsprozeß der Mode nicht aufrechterhalten werden. Die industrielle Massenproduktion gewann auch im Textilbereich die Vorherrschaft. Statt der Couture mit ihrer aufwendigen Handarbeit und Einzelanfertigung setzte sich das Prêt-à-porter als hochwertige, doch erschwingliche, in großen Stückzahlen produzierbare Alternative durch. Die Haute Couture trat nach und nach ins zweite Glied und besaß bald die Funktion eines «Frühstücksdirektors» in einem Wirtschaftsunternehmen. Sie dient bis heute als Aushängeschild, um Nebenprodukte wie Parfums und Accessoires interessant zu machen. Umsatz und auch der modische Einfluß liegen jedoch beim Prêt-à-porter. Die gesamte Damenmode mußte damit natürlich auch tragbarer und alltagstauglicher werden und damit die Schritte nachvollziehen, die die Herrenmode lange vor ihr durchlaufen hatte. Den Grundthesen dieses Buches zufolge bescherte dies den Frauen einen leichten Vorteil in dieser bis heute männerdominierten Branche. Und in der Tat gab es in den 70er Jahren einige Designerinnen, die sich erfolgreich etablieren konnten. In Frankreich etwa die Französin Sonia Rykiel (*25. 5. 1930), die mit ihrer weichen, figurbetonten Strickmode einer verspielten, verführerischen und gleichzeitig intellektuellen Frau huldigte. Oder in England Zandra Rhodes (*1940), die hochartifizielle und dennoch tragbare Kollektionen entwarf. Sie ist bis heute als Schöpferin des «Glamour Punk»-Looks bekannt. In Italien machte Laura Biagiotti (*4. 8. 1943) mit ihren Kaschmirkreationen Furore. Und in New York reüssierte die Society-Lady Diane von Fürstenberg (*1945) mit ihren sexy und gleichzeitig alltagstauglichen «Wrap Dresses», phantasievoll gemusterten, fließenden Wickelkleidern, die seit ein paar Jahren ein unglaubliches

Comeback erleben. Sie alle waren und sind sehr eigenständige und begabte Designerinnen. Doch erst in den 80er Jahren gelang es Frauen, an die Erfolge Coco Chanels anzuknüpfen und ein weltweit einflußreiches Imperium aufzubauen. Die in diesem Sinne bemerkenswerteste von ihnen ist wahrscheinlich die Amerikanerin Donna Karan.

2. Der amerikanische Traum: Donna Karan

Karan: «Ursprünglich wollte ich einfache, bequeme Mode für mich und meine Freundinnen, ein paar schwarze Sachen zum Beispiel.»

Sischy: «Wer sind Ihre Freundinnen?»

Karan: «Wenn ich ‹meine Freundinnen› sage, meine ich das im wörtlichen wie im übertragenen Sinne. Ich meine Frauen, die wie ich ein hektisches Leben führen, die sich der eigenen Sinnlichkeit bewußt sind, ihren Körper kennen und wissen, was sie wollen.»[2]

In der Wendung «Frauen wie ich» liegt vielleicht der Schlüssel zum sensationellen Erfolg der New Yorkerin Donna Karan. Hier gibt sie der Modejournalistin Ingrid Sischy Auskunft über ihren Werdegang. Und dabei wird ganz deutlich, daß Donna Karan sich zum Paradigma ihrer eigenen Mode erhebt. Kaum eine Designerin eignete sich so sehr wie die am 2. 10. 1948 auf Long Island geborene Donna Faske, später Karan, den Frauen der 80er und frühen 90er Jahre ein etwas verschöntes Abbild ihrer selbst zu geben. Kaum eine thematisierte in der eigenen Person derart perfekt die Gleichzeitigkeit verschiedener Rollen, die die postmoderne Frau ausmachen, das Neben- und Gegeneinander der aufstrebenden Businessfrau, der attraktiven Ehefrau oder Geliebten und der sorgenden Mutter. Es gibt ein Bild aus einer Werbekampagne für Donna Karans Mode, auf dem

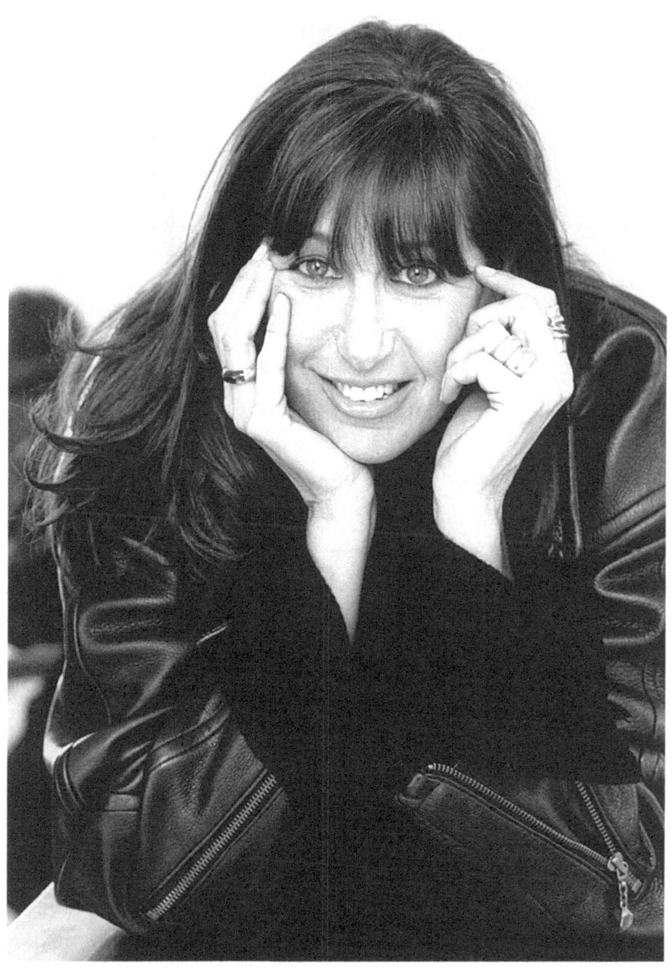

Sympathische Stardesignerin: die Amerikanerin Donna Karan, porträtiert von Christin Losta.

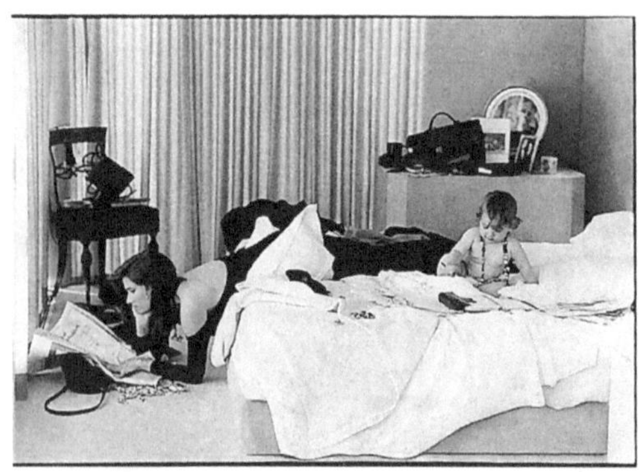

Die stete Zeitnot der modernen Frau: Werbekampagne für Donna Karan, Herbst 1986.

das Model Stephanie Seymour auf einem riesigen weißen Bett liegt und die Finanzseiten der Tageszeitung liest. Sie trägt ein enganliegendes geschmeidiges schwarzes Kleid, dessen Weichheit durch die darunter liegende Bettdecke noch betont wird. Überall liegt der Schmuck dieser zugleich schönen und toughen Lady. Doch ganz so tough ist sie dann auch wieder nicht. Denn neben ihr sitzt ein Baby in Windeln, ein kleines Dickerchen, das sich Mamas Kette um den Hals gehängt hat und so konzentriert wie unbemerkt auf deren Filofax herumkritzelt. Und so idyllisch dieses Bild wirkt, so sehr wird auch die stete Zeitnot der Frau von heute deutlich, die zwischendurch schnell ein paar Aktienwerte checkt, bevor sie sich ihrem Kind zuwendet und wahrscheinlich mit dem vom Baby bemalten Terminplaner in eine kleine Katastrophe schliddert.

Die Aufnahme illustriert beiläufig und elegant den ständigen Konflikt, in dem viele Frauen von heute stehen. Und sie könnte gleichzeitig eine Episode aus Donna Karans eigenem Alltag darstellen. «Frauen wie ich» – das sind die hin- und hergerissenen und letztlich doch erfolgreichen berufstätigen Mütter von heute. Und deren Nöte hat Donna Karan nie verleugnet, was ihre Mode mit großer Wahrscheinlichkeit noch populärer machte.

«Bis zu meinem Todestag werde ich eine schuldige Mutter sein», hat sie einmal bekannt[3] und gleichzeitig zugegeben, daß sie ihre Tochter Gabby vernachlässigt habe, weil sie so selten mit ihr zu Hause gewesen sei. Andererseits meinte sie auch: «Ein Kind zu haben ist das Kreativste, was man tun kann. Gabby ist meine beste Freundin, mein größter Erfolg im Leben»[4] und ließ sich in vertrauter Umarmung mit ihrer Tochter von Annie Leibovitz ablichten, natürlich in Donna-Karan-Mode. Karan selbst wuchs als Kind berufstätiger Eltern auf, der Vater stellte Maßanzüge her, die Mutter arbeitete als Showroom-Model. Sie selbst jobbte mit 14 nebenbei als Verkäuferin in einer Boutique und begann – gleichsam mit der Mode im Blut – auch selbst zu entwerfen, wobei sie den eigenen Körper als Schnittmuster benutzte. Während ihres Studiums an der New Yorker Parsons School nahm sie einen Ferienjob bei der Modefirma Anne Klein an. Anne Klein hatte sich damals einen Namen gemacht als Herstellerin gutaussehender und praktischer Blusen, Röcke und Jacken, die miteinander kombinierbar waren – und zu moderaten Preisen verkauft wurden. Sie war keine große Designerin, doch in ihrem Bereich sehr erfolgreich, und gilt als Pionierin der Idee miteinander kombinierbarer Einzelteile, heute ein Muß in der Modeindustrie. Ein Job bei ihr war also für eine Designstudentin eine phantastische Gelegenheit, und so «schmiß» Donna auch ihr Studium, als Anne Klein ihr eine Festanstellung anbot.

Doch irgend etwas scheint nicht funktioniert zu haben. Karan wurde wieder entlassen – Anne Kleins Witwer erzählte später, sie sei durch die beginnende «Romanze» mit dem Boutiquenbesitzer Mark Karan abgelenkt worden. 1970 heirateten die beiden. Donna arbeitete mittlerweile bei einer anderen Designerin und reiste auch nach Europa. Ein Jahr später war sie schon wieder bei Anne Klein, diesmal gleich mit einer Anstellung als Designerin, und wenig später hatte sie die Verantwortung für die gesamte Kollektion. Und dann kam das, was zum Balanceakt ihres

Lebens werden sollte, sie aber gleichzeitig auch zum Paradigma der heutigen Frau machte. Karan wurde schwanger, und Anne Klein erkrankte etwa zu derselben Zeit an Krebs. Die werdende Mutter, die eigentlich aufhören wollte, machte also weiter. 1974 saß sie hochschwanger im Büro bei ihrer Arbeit, als die Wehen einsetzten. Ihr Kollege Julius Stern erzählte später: «Sie rief mich um fünf Uhr morgens an, und sagte: ‹Julie, die Wehen setzen ein. Könntest Du schnell kommen?› Also sagte ich: ‹Wenn die Wehen einsetzen, ist doch dein Mann da, wozu brauchst du mich also?› Aber sie sagte, sie müsse mir einige Anweisungen fürs Büro geben. Also ging ich um sechs Uhr morgens hin, und sie hielt sich am Stuhl fest, während sie die Zeit zwischen den Kontraktionen maß. Währenddessen machte sie Anmerkungen zu den Kleidern.»[5] Karans Tochter Gabrielle kam dennoch glücklich zur Welt, allerdings mußte Donna danach noch mehr Verantwortung übernehmen. Anne Klein starb, und Karan wurde zusammen mit ihrem Studienfreund Louis dell'Olio Chefdesignerin. Beiden gelang es, der Marke Anne Klein ein neues modisches Gesicht zu verpassen. Donna Karan avancierte mit ihren unkomplizierten und frischen Entwürfen schnell zum neuen Star am New Yorker Modehimmel.

Zehn Jahre später wagte sie, ermutigt von ihrem zweiten Mann, dem Maler und Bildhauer Stephan Weiss, den Schritt in die Selbständigkeit. Das Paar führte zunächst sein neugegründetes Unternehmen Donna Karan New York vom Wohnzimmer ihres Apartments an der Upper East Side aus. Die erste Kollektion (Frühjahr 1985) erntete Lobeshymnen bei Presse und Handel, und ein rasanter Aufstieg begann. Die Firma zog bald in ihren noch heute bestehenden Sitz an der Seventh Avenue – Donna erntete bald den Spitznamen «Prima Donna». Sie war im richtigen Moment am richtigen Platz, und sie gab vielen Frauen das, worauf sie lange gewartet hatten: bequeme, schöne, alltagstaugliche Kleider. «Auf den Spuren Coco Chanels kümmert

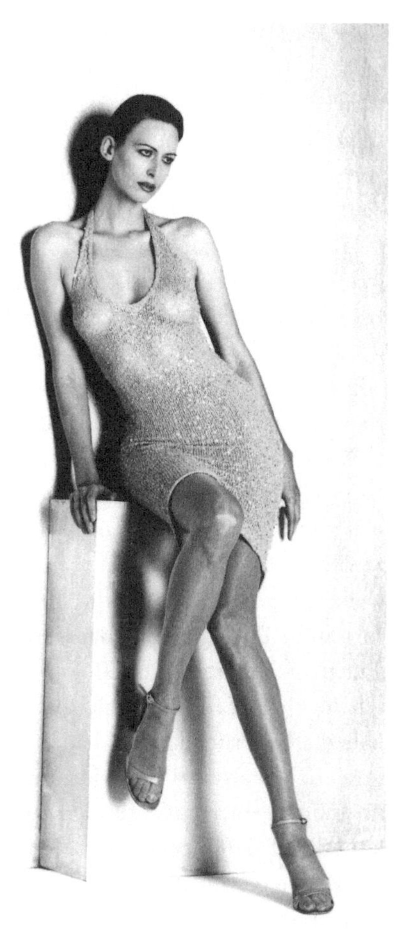

Beweglich und ein bißchen sexy: Mode von Donna Karan 1995.

sich Donna Karan um ihre vielbeschäftigten Schwestern, um jede, die mit der Mode geht, aber kein Talent zur Modesklavin hat», hieß es vor einigen Jahren im FAZ-Magazin.[6] Karan ist in der Tat wohl die Treueste von Chanels Töchtern. Sie wandelt im Grunde ganz und gar auf ihren Spuren. Ihr Gestus ist der einer an allem mehr als an Mode interessierten Frau, die einfach ein paar gute Kleidungsstücke braucht, und das mit Stil. Kleider sollten wie eine wärmende, Sicherheit vermittelnde Decke die Frau umgeben. Flexibilität und Weichheit sind Schlüsselbegriffe ihrer Entwürfe. Die Formen sind oft einfach, die Schnitte dennoch raffiniert, da sie den Körper perfekt umfließen. Schwarzer Kaschmir, weich fallende Hosenanzüge, ihre berühmt gewordenen Bodys und Bodysuits, Jerseykleider, Lederjacken, dicke Strickjacken und auch mal so etwas Exzentrisches wie ein handgeknüpftes Metallkleid (Karan läßt sich oft von Reisen zu ethnisch anmutenden Kreationen inspirieren) – so in etwa könnte man die Ingredienzen ihres Stils beschreiben.

Wie Chanel Paris verkörperte, symbolisiert Karan New York – den «Melting Pot», die Stadt, die Paris und London irgendwann in den 70er Jahren als Trendsetter ablöste. Und auch die Stadt, die die Hektik und Lebensweise der postmodernen Frau vielleicht am besten verkörpert. Wie keine andere verweist sie auf die Business-Frau, der Karans Kleider wunderbar zupaß kamen. «Simplify Your Life» – ganz wie heutige Ratgeber –, scheinen die Entwürfe solchen Frauen damals zugerufen zu haben. Die Primadonnenkleider sahen gut aus, machten ihre Trägerinnen attraktiv und dennoch nicht zu sexy. Diese wurden im Job mit solchen Gewändern ernst genommen und dennoch am Abend dafür bewundert. Sie konnten phantastisch damit auf Reisen gehen, aber sich auch zu Hause in diese schützenden Hüllen einkuscheln. Donna Karan entwarf perfekte Strümpfe, «Nudes» genannt, wärmend und doch die Illusion der Strumpflosigkeit vermittelnd. Sie schuf die «Essentials», die als «sieben einfache Stücke» ihren Anfang nahmen. Sieben Sachen sollte demnach jede Frau im Schrank haben – gemeint sind zwei Blusenbodys, ein Hosenanzug mit langer Jacke, ein Sarong-Wickelrock und ein schmaler Rock mit Tunika-Pullis, jeweils in Schwarz und Creme.[7] Ohne die Karrierefrauen der 80er Jahre wäre Donna Karan kaum vorstellbar. Und auch hier turnte sie der Kundin wieder vor, wie ein Leben als Karrierefrau aussehen konnte. Die Amerikanerin schuf ein Imperium mit Kleidung, Strümpfen, Brillen, Schuhen, Accessoires; sie kleidete Frauen von Kopf bis Fuß ein. 1998 kam die junge, günstigere Linie DKNY hinzu, zwei Jahre später DKNY Jeans. Hier diente nun Tochter Gabby als Vorbild. Bald wurde die gesamte Familie zum Modell. 1991 kam Donna Karans Herrenmode dazu, geformt nach dem Bild ihres Mannes Stephan. Und später folgte dann Kindermode, hier wurde nun Enkelin McKenzie als Inspiration genannt.

Den Lifestyle der Karans in New York wie auch ihren Wochenendsitz in East Hampton bewunderten bald Millionen. Alles wirkt einfach und luxuriös zugleich, simpel und raffiniert, minimalistisch und dennoch herzerwärmend. Donna Karan hat es geschafft, sich als «menschlich» mit Schwächen und Stärken zu vermarkten, und es spricht vieles dafür, daß das Bild, das sie der Öffentlichkeit vermittelt, tatsächlich authentisch ist. Ihre Entwürfe passen sogar üppigeren Frauen. Die Designerin selbst hat nie einen Hehl aus ihren Figurproblemen gemacht. Dennoch vermittelt sie immer wieder den Eindruck einer ungemein attraktiven, sprühenden Person.

Donna Karan wurde mehrfach von der amerikanischen Designervereinigung CFDA als *Designer of the Year* ausgezeichnet, zuletzt 2004 für ihr Lebenswerk.[8] Doch neben diesem Aufstieg gehört auch der Abstieg zur Bilanz des modellhaft turbulenten Lebens der New Yorkerin. Nach dem Börsengang Donna Karans 1996 sanken die Aktienkurse. 1997 schrieb man mehr als 100 Millionen Dollar Verlust. Karan galt plötzlich zwar als gute Designerin, doch als dilettantische Managerin[9] – eine bittere Lektion für die erfolgsverwöhnte Firmenchefin. Demnach hatte sie «durch ihr Zögern bei der Lizenzierung ihres Namens an andere Unternehmen den Zug verpaßt»,[10] und das galt Ende der 90er Jahre als Kardinalsfehler. Die großen Lifestyleunternehmen überboten sich zu der Zeit gegenseitig darin, gewinnträchtig Lizenzen für Produkte unter ihrem Namen an andere Firmen zu vergeben. Als allerdings wenige Jahre später die gigantische Luxusgruppe LVMH (Louis Vuitton Moët Hennessy) die Aktienmehrheit von Donna Karan kaufte, mußten sich Karan und ihr Mann keinerlei Sorgen mehr um Finanzielles machen.

2001 traf sie ein ungleich härterer Schicksalsschlag: Ihr Mann Stephan Weiss starb mit 62 Jahren an Lungenkrebs. Weiss scheint der perfekte Counterpart seiner Frau gewesen zu sein. «Ein hochgewachsener, schlanker Mann, der in sich ruhte und die stürmische Persönlichkeit seiner Frau ausbalancierte», hieß es in einem Nachruf.[11] Weiss war gleichzeitig Inspirationsquelle und Kritiker seiner Frau – und er handelte erfolgreich einige Verträge für die Firma aus. Am Ende seines Lebens konzentrierte er sich allerdings wieder mehr auf seine Bilder und Skulpturen. Anscheinend konnte der sympathische Weiss gut damit leben, als Künstler stets im Schatten einer erfolgreichen Modedesignerin zu stehen. Das Paar scheint eine selten glückliche Ehe geführt zu haben – auch ohne gemeinsamen Nachwuchs, doch mit drei Kindern aus jeweils zwei Ehen und fünf Enkeln.

Donna Karan designt auch mit fast 60 Jahren noch erfolgreich schöne, tragbare Sachen für die Frau von heute. Anders als Chanel kann sie nicht nur auf ein erfolgreiches, sondern wohl auch auf ein erfülltes Leben zurückblicken. Sie wird nie als extrem kreative Designerin in die Historie eingehen, doch schaffte sie der Frau von heute ihre alltagstaugliche Garderobe. Ähnlich wie Chanel wirkte sie nach den steifen 50ern und den flippigen 60ern und 70ern revolutionierend. Im Grunde knüpfte sie dort an, wo Chanel einmal aufgehört hatte, auch wenn Coco ungleich einfallsreicher war. Karl Lagerfeld, der es wie kaum ein anderer schafft, auf diplomatische Weise großes Lob mit kleinen

Spitzen zu verbinden, verglich sie anläßlich ihres 20jährigen Jubiläums mit Claire McCardell: «Ich kann mir die New Yorker Modeszene ohne sie gar nicht vorstellen. Sie ist stark genug für weitere 20 erfolgreiche Jahre (mit ihrem neuen Haarschnitt). Ich denke, sie ist die wichtigste amerikanische Modedesignerin seit Claire McCardell.»[12] Nicht zufällig erhebt er die Amerikanerin McCardell zum Parameter. Denn bei aller Ehrerbietung weist er dezent auf einen gewissen Mangel an Kreativität hin. McCardell war keine Couturière, sie machte Konfektion für die Frau von der Straße. Und die Konfektion ist naturgemäß eher angepaßt. Dafür paßt sie – in die heutige Zeit. Und in ihrer revolutionären Leistung können sowohl Donna Karan als auch Claire McCardell durchaus als Töchter der Chanel gelten. Und dies gilt auch für Donnas an Gabrielle Chanel erinnernden nüchternen Ton. «Mode», hat sie 1974 gesagt, «ist keine glamouröse Branche. Was kann denn wirklich an einem Fetzen, den man sich zwischen die Beine hängt, so glamourös sein? Mode ist ein Business.»[13]

3. Die Frau mit Substanz: Jil Sander

Es war ein bißchen wie die «Rückkehr der verlorenen Tochter». Als Jil Sander nach drei Jahren Abstinenz wieder die Modebühne betrat, schien es, als feiere die gesamte Szene ein großes Fest. Hymnisch waren die meisten Kommentare, und in den Artikeln über Sander und ihr Verhältnis zur Prada-Gruppe, die 1999 die Aktienmehrheit an dem Unternehmen erworben hatte, hatte nur einer das Nachsehen: Patrizio Bertelli. Der mächtige Prada-Boss und Napoleon der Mode war anscheinend hier zu Kreuze gekrochen. Fast schien es, als sei Coco Chanel noch einmal aus ihrem Schweizer Exil in das Paris der 50er Jahre zurückgekehrt. Jil Sanders Wiedereinstieg war die Sensation der

Branche im Jahr 2003. «Die Chefin ist wieder da», schrieb der Kulturjournalist Dirk van Versendaal mit leisem Spott. Damit war gemeint: Unter Bertelli, damals Vorstandsvorsitzender der Jil Sander AG, und dem von ihm eingestellten Designer Milan Vukmirovic hatte das Unternehmen keine echte Führung. «Bertelli grinst wie ein Schuljunge, der das wertvolle Familiengeschirr in präpotentem Übermut zerschlagen hat und es wieder hat kitten können», schilderte van Versendaal seinen Eindruck vom ersten Treffen nach Sanders und Bertellis offizieller Versöhnung.[14]

Die Flitterwochen währten nicht lange. Am 16.11.2004 wurde bekanntgegeben, daß Jil Sander das Unternehmen zum zweiten Mal verlassen habe. Und diesmal könnte ihr Ausstieg für die Marke einer absoluten Katastrophe gleichkommen. Denn es stimmt: Jil Sander ist eine «Chefin», im alten Sinn des Wortes, eine Frau, die sich 100prozentig mit ihrem Unternehmen identifiziert und von ihrer Firma im Umkehrschluß auch 100prozentige Identifikation mit ihren Ideen erwartet. Wahrscheinlich war schon der Gedanke, die Aktienmehrheit und folglich die Kontrolle an der Jil Sander AG abzugeben, eigentlich absurd. Fast mehr noch als Coco Chanel oder Donna Karan steht Jil Sander mit ihrer eigenen Person ganz und gar für ihre Marke. Doch heutzutage wird in der Modeindustrie viel Kapital gebraucht. Für ein inhabergeführtes Unternehmen, das Prêt-à-porter international erfolgreich verkaufen will, ist es fast unmöglich, gegen die riesigen Apparate der großen Luxusgruppen anzukommen. Die Globalisierung des Wirtschaftslebens Ende der 90er Jahre entfachte auch in der Textilbranche ein wahres Fusions- und Übernahmefieber. Ein Unternehmen wie etwa Louis Vuitton Moët Hennessy dirigiert mittlerweile ein ganzes Konzert von Marken, unter ihnen Dior, Louis Vuitton, Kenzo, Christian Lacroix, Donna Karan, Loewe und einige andere. Synergieeffekte und natürlich die Macht einer von immens viel

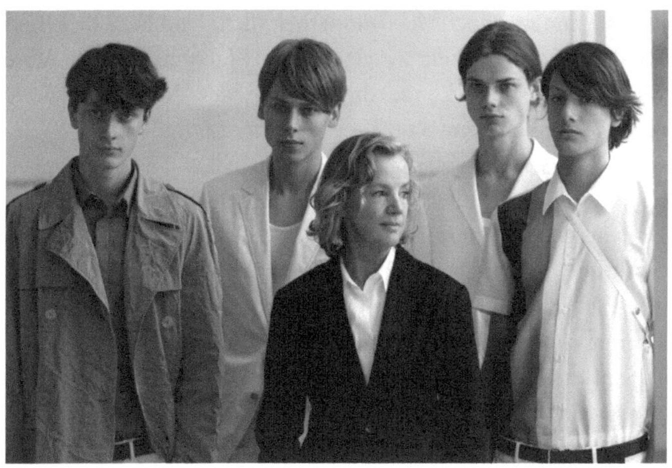

Jil Sander hat es auf leichte Weise geschafft, die Mode zu revolutionieren. Auch in der Herrenbekleidung setzte sie neue Maßstäbe. Foto: Giovanni Giannoni.

Kapital gespeisten Marketingmaschine verdrängen kleinere Firmen meist auf die hinteren Ränge. Und Jil Sander, die sich seit Jahrzehnten immer stärker als internationale Topdesignerin positionierte («Jil Sander is hot, Armani not» war ein beliebter Spruch in der Modeszene der späten 90er Jahre) und zudem 1997 eine aufwendige Herrenkollektion lanciert hatte, sah es wahrscheinlich als ein Muß an, sich durch den Verkauf ihrer Aktienmehrheit an eine potente Luxusgruppe wie Prada im Wettbewerb besser aufzustellen.[15] Auch die Accessoires, Umsatzbringer der großen Luxusgruppen, sollten ausgebaut werden. Und Prada hatte einen traditionsreichen, guten Namen. So bekam Prada-Chef Bertelli das Ja-Wort der kühlen Hanseatin, die Aktienmehrheit der Jil Sander AG zu erwerben.

Es folgte das, was man später als Rosenkrieg bezeichnete. Jil Sander arbeitete zunächst als Vorstandsvorsitzende, verantwortlich für den gesamten Designbereich in dem Unternehmen, an dem sie nun nur noch eine Minderheit hielt. Und Bertelli, offenkundig ein Mann mit ausgeprägtem Machtinstinkt, glaubte wahrscheinlich, er könne die Königin der deutschen Mode regieren. Es kam zum Krach – es soll Streit um die Qualität der Produkte, um die Ausrichtung und manches andere gegeben haben. Sander wollte an ihrer Markenphilosophie festhalten. Und Bertelli wunderte sich wahrscheinlich über den kompromißlosen Anspruch der Hamburgerin an ihre Kollektion und Accessoires. Und so folgte dem ersten Akt des Prada-Sander-Dramas zunächst ein – wenn auch vorläufiger – Schlußpunkt: Jil Sander warf am 31. Januar 2000 das Handtuch und stieg aus der Modewelt aus. Und das hatte wirklich niemand, der ihren Werdegang kannte, von ihr erwartet.

Heidemarie Jiline Sander, am 27. November 1943 im norddeutschen Wesselburen geboren, hat sich regelrecht nach oben gearbeitet – und das mit einer unglaublich präzisen Vision, einem starken Idealismus, mit Disziplin und sicherlich auch einer ordentlichen Portion Sturheit. Ihren Vater hat sie nie kennengelernt. Als sie – ein Kriegskind – geboren wurde, war er an der russischen Front; sechs Monate später ließen sich die Eltern scheiden. Sander wuchs bei ihrer Mutter und deren zweitem Mann, einem Autohändler, in Hamburg auf. Wenn sie – und das tut sie selten – über ihre Familie spricht, dann stets sehr liebevoll. Ihr Halbbruder hat lange in ihrer Firma mitgearbeitet.

Nach der Schule ließ sie sich zur Textilingenieurin in Krefeld ausbilden und verbrachte zwei Jahre in Los Angeles, wo sie das University College besuchte. Sie jobbte danach als Redaktionsassistentin für ein New Yorker Magazin und kehrte schließlich als Moderedakteurin, erst für die *Constanze* und dann für die *Petra*, nach Deutschland zurück. Da hatte sie schon ihre erste Kollektion entworfen, aus Synthetik im Auftrag des Chemieriesen Hoechst. Das Interesse für neue Stoffqualitäten und innovative Fasern sollte sie auch später nicht mehr loslassen – Jil Sander galt und gilt als eine materialbesessene Designerin, die gerne Neuheiten verwendet, Wolle noch leichter macht, Seide noch feiner oder Stretch noch paßgenauer. Zunächst jedoch begab sie sich daran, die immer noch von den 50er Jahren geprägte Mode der 60er zu revolutionieren. Die Deutsche trieb das gleiche Grundgefühl an wie in England Mary Quant, in Frankreich Sonia Rykiel oder andere junge Kreative dieser Zeit. Die offizielle Mode ging ihr auf die Nerven. Und so eröffnete sie 1967 im damals schicken Hamburger Stadtteil Pöseldorf eine Boutique, in der sie eigene Entwürfe und später auch Mode aus Italien und Frankreich verkaufte. Dieses Geschäft in der Milchstraße gilt als Keimzelle des Sander-Imperiums.

«Je älter ich wurde, desto mehr Probleme hatte ich mit dem, was ‹man› trägt», beschrieb Sander vor ein paar Jahren in einem Buchbeitrag ihre Jugend in den 50er Jahren. «Ich empfand dieses Diktum als Diktat. Es störte mich. Und noch etwas störte und ärgerte mich: der qualitative Unterschied zwischen dem Kleidungsangebot für Frauen und Männer – für Sie und Ihn, wie es früher hieß. Die Kleidung für Frauen, so empfand ich es, hatte eher ephemeren Charakter. So etwas Launiges und Launisches, das oft in einem Modeschöpfer-Blödsinn gipfelte, der den Frauen offensichtlich nur das geistig-ästhetische Rückgrat einer Barbiepuppe zumuten mochte.»[16]

Ihre Vision hingegen war die einer starken und zugleich gefühlsbetonten Frau. «Ich bemitleide Frauen, die wie Pralinen aussehen», sagt sie noch heute.[17] Und wie schon bei Coco Chanel wird auch bei Jil Sander deutlich, daß Mode eine Art emanzipatorischer Akt sein kann. Nicht umsonst besitzen Männer seit Jahrhunderten mit dem Anzug ein unglaublich kluges und ausgefeiltes Basisstück, das ihnen – trotz immer wieder aufkommender Klagen – den Arbeitsalltag ungemein erleichtert. Und nicht umsonst haben Frauen wie Chanel, Donna Karan oder Jil Sander der weiblichen Garderobe männliche Kleidungsstücke «anverwandelt». Sie wollten Teile entwerfen, mit denen Frauen im 20. Jahrhundert ihren Mann stehen konnten. Sander benutzt selbst gerne Vokabeln wie «modern» oder «contemporary», um ihr Frauenbild zu umschreiben. Und darum geht es hier letztlich: den Frauen in den veränderten Bedingungen der Arbeits- und Alltagswelt textil gleichsam beizustehen, damit sie bestehen können. Dabei soll aber das feminine Element nicht vernachlässigt werden, denn mit dem Frauenbild der «Emanzen» der frühen 70er Jahre hat das Ideal von Chanels Töchtern wenig gemein. «Das Feminine erreicht sie, indem sie ein Jackett fast so anschmiegsam und leger fallen läßt wie eine Bluse», beschrieb es Ingrid Loschek.[18] Zusammen mit Armani gilt Jil Sander als Schöpferin der «dekonstruierten», weich fallenden Jacke – dem Paradestück der wohl zeitgemäßesten Moderichtung überhaupt, der Mischung aus «zart und hart».

«Zart und hart»,[19] so wird auch Jil Sander selbst gerne beschrieben. Und hierzu paßt auch, daß sie ihren Namen Heidemarie Jiline bei der Ladeneröffnung in das zwar immer noch weich klingende, doch maskulinere (in Proustscher Manier an «Gilles» erinnernde) Jil änderte. «Als sie das Geschäft eröffnete, sagte sie: ‹Ich kann es nicht Heidi Sander nennen. Es klingt so deutsch, so süß›»,[20] berichtete später eines ihrer ersten Mannequins. Zunächst galt die Boutique als Geheimtip. Junge, schicke und reiche Frauen kauften bei ihr. Dann, 1973, stellte sie zunächst eine niedrigpreisige Kollektion mit in Indien gefertigten Shirts und Jacken vor: ein Reinfall – das Ganze entsprach weder ihr noch ihren Kundinnen. Im selben Jahr begann sie schließlich in Italien zu fertigen, luxuriöse Damenkleidung in Herrenstoffen, doch weich fallend, die erste echte Materialisierung ihres Frauenbilds. Dieser Linie ist sie bis heute im Grunde treu geblieben. Und wurde damit zum modischen Sprachrohr einer Reihe von Kundinnen, die sich genau in dem Bild von «zart» und «hart» wiederfanden. Sander selbst ist eine zierliche, aparte Frau mit blonden Locken und klarem Profil, aber auch einem nicht zu übersehenden energischen Zug um den Mund herum. Eine perfekte Identifikationsfigur für Frauen, die erfolgreich sein wollen, doch Begriffe wie Schönheit und Stil dabei nicht aufgeben mögen. Und so kam es einem Coup gleich, als Jil Sander 1979 für ihren ersten Duft «Woman Pure» mit dem eigenen Antlitz warb. Und das auf einer kunstvollen Schwarzweißaufnahme von Starfotograf Francesco Scavullo. Der eigentlich eher introvertierten und schüchternen Jil Sander bescherte dies eine enorme Popularität, und sie stieg in Windeseile zu Deutschlands Modeschöpferin Nummer eins auf.

Ähnlich wie Coco Chanel und Donna Karan hat Jil Sander es verstanden, daß eine Modemacherin den größten Erfolg hat, wenn sie sich selbst als Garant für ihre Mode darstellt. Jil Sanders Kundinnen identifizieren sich mit ihr, und sie genießt bei ihnen einen enormen Vertrauensvorschuß. Einzelhändler berichten sogar, daß Kundinnen mit der gezielten Frage kommen: «Was hat denn die Jil in dieser Saison?» «Die Jil», das ist eine von ihnen, ähnlich wie Donna Karan etwas idealisiert und dennoch greifbar. Und so konnte die Marke Sander ohne Jil Sander auch nicht funktionieren. Nach dem Krach mit Bertelli und ihrem Weggang rutschte das Unternehmen, das durch die Investitionen für neue Läden und die Herrenkollektion schon belastet war, tief in die roten Zahlen ab. «Jeden Morgen, wenn der Wecker klingelt, wacht Milan Vukmirovic auf und merkt, daß er immer noch nicht Jil Sander ist», spottete *Women's Wear Daily*, bescheinigte aber gleichzeitig dem neuen Designer, daß er vor eine nicht zu bewältigende Sisyphusaufgabe gestellt worden war.[21] Das mußte auch Patrizio Bertelli einsehen – und holte Jil Sander 2003 zurück. Für die «Queen of Less» muß es ein Triumphzug gewesen sein. Auch wenn sie sich dies in ihrer hanseatischen Art nicht anmerken ließ.

«Den von Coco Chanel herrührenden hundert Jahre alten Versuch, die reduzierte Formensprache salonfähig zu machen, sich zu kleiden statt zu verkleiden, auch in ungefütterter Jacke in Gesellschaft zu bestehen, hat kaum jemand so konsequent verwirklicht wie sie. ‹Queen of less› hat man sie deshalb genannt. Doch auch diese Metapher, weil viel zu pompös, geht fehl», schrieb einer der intelligentesten Beobachter der Modeszene in Deutschland, Alfons Kaiser, sehr treffend.[22] Die Abscheu vor allem Pompösen führte vielleicht auch dazu, daß die in Deutschland Ende der 70er Jahre immer erfolgreichere Jil Sander beim Versuch, Paris zu erobern, gnadenlos scheiterte. Einmal versuchte sie ihr Glück bei den Modenschauen, dann gab sie auf. Sanders Kollektion muß neben dem damals gültigen Look mit starkem Make-up, gepolsterten Schultern, hohen Absätzen und aggressiver Sexyness – den Montana- und Thierry-Mugler-Frauen – ärmlich gewirkt haben. Heute würde man wahrscheinlich den damals gültigen Trend als vulgär bezeichnen, doch die Mode ist eben launisch.

Obwohl Jil Sander Mitte der 80er Jahre als Unternehmerin immer größere Erfolge verzeichnen konnte – sie bot inzwischen Accessoires wie Handtaschen oder Brillen und auch Kosmetik an –, war ihr wirkliche internationale Anerkennung nicht beschieden. Ihr Stil wirkte auf viele in diesen überbordenden Zeiten zu pur, zu clean, kurz: langweilig. Modetheoretikerinnen war ihr Wunsch nach Authentizität und Natürlichkeit nicht hintergründig genug. Nur wer das Künstliche der Mode bewußt in Szene setzte, galt etwas. Doch als Jil Sander im März 1992 ihre erste Schau in Mailand zeigte und etwas mehr Pomp als sonst wagte (die Location war ein Innenhof des gewaltigen, im 14. Jahrhundert erbauten Castello Sforzesco, und 35 Supermodels waren im Einsatz), gelang ihr der Durchbruch zur In-Designerin. Gleichzeitig hatte sich ihr Stil etwas gewandelt. Sander war, wohl durch ihre langjährige Beschäftigung mit

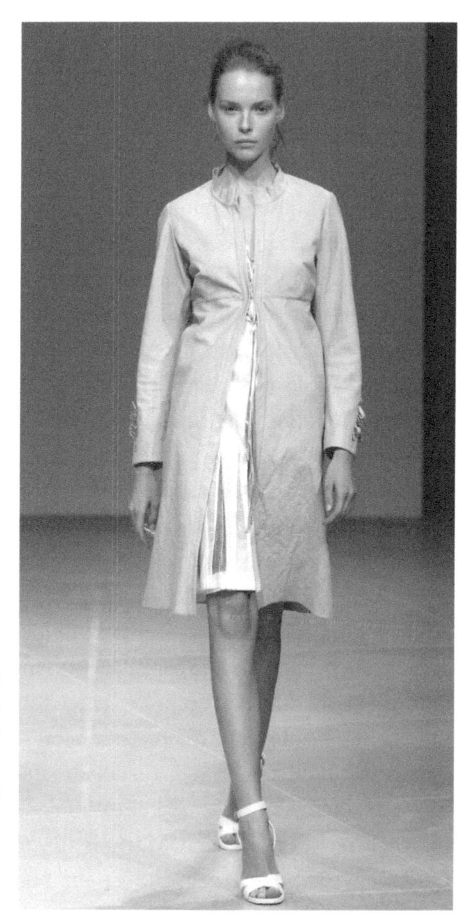

Zart und hart vermählen sich zu vollendeter Harmonie: Kleid-Mantel-Kombination aus Jil Sanders bejubelter „Comeback"-Kollektion für das Frühjahr 2004. Foto: Martin Veit.

zeitgenössischer Kunst, mutiger geworden und ließ auch Brüche zu. Fortan riß man sich um ihre cleanen einfachen Kleider, deren Raffinesse im perfekten Sitz lag, und schätzte den kenntnisreichen Umgang mit dem Material. Die Models in den Kampagnen wirkten so elfenhaft rein in ihren wasserblauen schmalen Kostümen mit kleinen taillierten Jäckchen und auf der Hüfte sitzenden Röcken, ihren spinnwebfeinen Lagenkleidern oder ihren grauen Staubmänteln, daß man meinte, ein Maler der Frührenaissance habe diese Geschöpfe ersonnen und ein zeitgenössischer Avantgardekünstler sie danach überarbeitet. Kühl und schön, weltenthoben und perfekt wirken Jil-Sander-Frauen. Und eben niemals verkleidet – ähnlich wie Chanel bildet Sander einen Gegenpol zu Modeschöpfern wie Elsa Schiaparelli. Dieses «immer Passende» und «niemals Anstößige» erregt natürlich dann doch wieder Anstoß. Den einen trägt es zuwenig den menschlichen Schwächen Rechnung, den anderen fehlt die immer schicke Düsternis des Daseins, und wieder andere halten es schlicht für humorlos. In der Tat scheint Mode für Jil Sander eine weit ernstere Angelegenheit als etwa für die extrovertierte Donna Karan. Dafür hat sie es allerdings auch geschafft, einen unglaublich hohen Qualitätsmaßstab in der Damenmode zu setzen. Hierin ist sie wahrscheinlich einzigartig, und möglicherweise kann ihr nicht mal Giorgio Armani dabei das Wasser reichen. Und trotz des zarten Frauenbildes in den Schauen ist es Sander auch immer gelungen, Paßformen für nicht ganz modelmäßige Damen zu entwickeln. Tragekomfort und Praktikabilität stehen bei ihr ganz oben, sie scheint sich hier ein Beispiel an der in dieser Hinsicht viel ausgefeilteren Herrenmode genommen zu haben. Und so ist es kein Wunder, daß sie 1997 mit einer Herrenkollektion auf den Markt kam, mit superleichten, sehr modern wirkenden Anzügen, die ihr bei der Presse viel Anerkennung bescherten.

Die Jahre um die Jahrtausendwende waren Jil Sanders große Zeit. Ihr Stil wirkte plötzlich «cool» und lässig, und andere vorher beliebte Designer wie Jean Paul Gaultier oder Vivienne Westwood bekamen daneben einen leicht kunstgewerblichen Beigeschmack. «Die Mitt-90er beginnen, sich wie die Jil-Sander-Zeit anzufühlen», bemerkte *Harper's Bazaar* 1994. «Ihre Kleider sind vielseitig, haltbar, zurückhaltend und wunderschön gemacht; ihre Unternehmensführung schlank, zeitgemäß, kontrolliert, global verständlich. Sander ist schon eine ganze Weile so. Aber erst in dieser Saison hat die Modewelt und insbesondere Amerika dieses endlich auf breiter Front entdeckt.»[23]

Und wenig später sprach die Autorin in demselben Artikel von den «Sander-Frauen» und gliederte sich selbst schließlich mit der Erklärung «Frauen wie wir» in die Fangemeinde ein. Auch Paris lag Sander inzwischen zu Füßen. Als sie ihren repräsentativen Flagship Store an der Avenue Montaigne eröffnete, schien die gesamte modisch interessierte Hautevolee der französischen Hauptstadt herbeizueilen, um sie zu ehren. Marie-Hélène de Rothschild traf extra früh ein, um das Getümmel zu meiden. Catherine Deneuve, Jeanne Moreau, Fanny Ardant, Niki de Saint-Phalle, Hubert de Givenchy, Rei Kawakubo, Charlotte Rampling und die Agnellis kamen. Als gutes Omen mochte man auch deuten, daß das Gebäude der großen Vionnet als Atelier gedient hatte.

Die Sander-Zeit hätte wahrscheinlich noch gut zehn Jahre weitergehen können. Auf jeden Fall glich jetzt schon der Platz, den sie in der Modegeschichte einnehmen konnte, dem eines Bauhausstars in der Architektur oder in der angewandten Kunst. Das Dreigestirn des Purismus Jil Sander, Donna Karan und Giorgio Armani hatte es auf leise Weise geschafft, die Mode zu revolutionieren, ihr Leichtigkeit, Schlichtheit und ein luxuriöses Tragegefühl ein für allemal einzuprägen. Und wahrscheinlich hätte – ähnlich wie bei Armani – nach einer «Hip»-Zeit und der darauffolgenden Etablierung als «Klassiker» alles wie von selbst laufen können. Vielleicht wollte Sander sich genau dies auch durch den Verkauf ihres Unternehmens vor der Jahrtausendwende sichern. Doch als sie ausstieg, war es erst mal vorbei.

Bei ihrer Rückkehr merkte man allerdings, daß ihr die Auszeit gut getan hatte. Während sie vorher ausgesprochen zurückgezogen gelebt und in ihrer Freizeit zusammen mit ihrer Lebensgefährtin Dickie Mommsen aus dem Garten eines schleswig-holsteinischen Gutes eine Art zweites Sissinghurst à la Vita Sackville-West geschaffen hatte, ging sie nun öfter auf Partys. Machte Reisen – etwa durch Rußland oder den Iran –, segelte durch die Karibik und pflegte ihr Privatleben. Wahrscheinlich genoß die ansonsten stets Hochdisziplinierte das erste Mal ganz ohne Pflicht und schlechtes Gewissen das Dasein.

Ein verstärktes Interesse an Freizeitkleidung, aber auch Abendmode und eine weichere, dekorativere und ornamentalere Kollektion waren das Resultat. Ihr Comeback bei den Mailänder Damenschauen im Oktober 2003 wurde dementsprechend beklatscht. Besonders die zarten weißen Kleider mit ausgestelltem Rock und einem im Handdruckverfahren aufgebrachten Muster aus dem 15. Jahrhundert wirkten wegweisend. Die Renaissanceengel mußten sich nicht mehr hinter einer strengen Fassade verbergen. Mit dem von ihrem Kollegen Wolfgang Joop einst gescholtenen «Pöseldorfer Etepetismus» war es vorbei. Blendende Voraussetzungen für eine großartige Zukunft, zumal Bertelli sie nach langen Verhandlungen zu Topkonditionen zurückgeholt hatte. Es schien, als könne sie genau dort anknüpfen, wo sie aufgehört hatte. Doch die Brandung schlug gleichzeitig in der Mode hoch. Die Zeiten waren schlecht, die Laune in der Branche noch schlechter. Und das Leuchten, das von ihrer Comeback-Kollektion ausging, hielt nicht lange. Im Unternehmen zog der Alltag ein, und mit diesem schien auch der alte Konflikt Sander-Bertelli zurückzukehren. Als sich die Wege der Hamburger Designerin und der Prada-Gruppe ein zweites Mal trennten, gab es nur dürre, eher unbefriedigende Erklärungen. Doch daß das Ganze nichts mit Sanders Leistung oder Kreativität zu tun hatte, wurde in Mailand betont. Statt dessen soll es Streit um den von Prada verordneten Sparkurs gegeben haben.[24] Wieder also war die Sache offenkundig an Sanders hohem Qualitäts- und damit auch Kostenstandard gescheitert. Und da gerade Prada seit geraumer Zeit unter großem finanziellen Druck stand, von dem eigentlich nur der (schon mehrfach verschobene) Börsengang erlösen konnte, war möglicherweise ein Nachgeben für Bertelli und seine Frau Miuccia Prada in diesem Fall unmöglich. Denn bis zum Verkauf von börsennotierten Aktien sollte wenigstens ein Teil des horrenden Schuldenbergs der Prada-Gruppe getilgt sein. Eine sture Hamburgerin mit höchsten Ansprüchen konnte man sich nicht mehr leisten. Im Februar 2006 gelang es Prada tatsächlich, die Marke an den Londoner Finanzinvestor Change Capital Partners zu verkaufen. Die Kollektionen des neuen Kreativchefs Raf Simons werden in höchsten Tönen gelobt. Dennoch spekulieren Branchenstimmen immer wieder über ein zweites Comeback Sanders mit einem Rückkauf des Unternehmens. Und damit wäre sie dann vollends die deutsche Chanel.

4. Geradestehen: Interview mit Jil Sander

Sie werden in diesem Buch aus verschiedenen Gründen als eine geistige Tochter Coco Chanels beschrieben. Finden Sie sich in diesem Ausdruck wieder?

Jil Sander: Es sieht immer etwas anmaßend und gleichermaßen schwächlich aus, wenn man sich an eine historische Größe lehnt, aber als «geistige Tochter» darf man das wohl. Doch, ich sehe einen Zusammenhang zwischen Coco Chanel und mir, wie in Ihrem Buch dargestellt, und akzeptiere ihn.

Trotz vieler berühmter Designerinnen wurde die Frauenmode im 20. Jahrhundert von männlichen Modemachern dominiert. Sahen Sie sich in Ihren Anfängen dadurch zunächst im Nachteil? Oder erwuchs Ihnen dadurch eher der Vorteil des jungen Gegenentwurfs zum Traditionellen?

Es war wohl so, daß der Drang, meine «Vision» zu konkretisieren, viel stärker war, als daß ich hätte beeinträchtigt werden können durch Beobachtungen dieser Art. Die männlichen Modemacher waren die männlichen Modemacher. Ich hatte so etwas wie meinen «Gegenentwurf». So, wie es war, war es, es waren die akzeptierten Bedingungen für meinen Aufschwung. Aber ich könnte nun auch nicht sagen, daß diese meine Entwicklung begünstigt hätten.

Was war Ihr ursprünglicher Impuls, Mode zu machen?

Solche Geschichten machen sich immer so hübsch in Biografien: sozusagen der Urknall einer Karriere. Bei mir war es eher so, daß ich in die Idee, Mode machen zu wollen, hineingewachsen bin. Sukzessive. Die Lust an der Mode war da, selbstverständlich. Aber ich habe Umwege gemacht, förderliche Umwege, lehrreiche. Irgendwann war es dann soweit.

Und was war für Sie der einprägsamste Moment Ihres Modelebens?

Bestimmt nicht ein einziger Moment. Es waren die vielen kleineren, die so etwas wie Einprägsamkeit bewirkten. Kann ich nun wirklich nicht alle aufzählen.

Viele Modeschöpfer berichten gerne, daß sie schon in ihrer Kindheit Puppen eingekleidet, Theaterkostüme gezeichnet oder ihre Mutter modisch beraten haben. Wie war dies bei Ihnen? Und welche Rolle spielte Mode in Ihrem Elternhaus?

Es ist wahr, auch ich hatte diese Lust zu gestalten. Ein Anordnungsverlangen, einen Blick für die Erscheinung, die ich neu gestalten wollte. Da kam alles mögliche in Frage. Nicht nur das Kleid der Mutter oder der Puppe – alles mögliche eben. Vielleicht hätte sich daraus auch ergeben, Architektin zu werden oder Malerin. Es ging mir früh darum, etwas zu schaffen. Dabei kann ich das Elternhaus nicht wirklich als musisch bezeichnen.

Zeitgenössische Kunst ist eine Ihrer Leidenschaften. Kann Mode für Sie Kunst sein? Und wenn ja, ist dies überhaupt erstrebenswert?

Mode ist Mode, Kunst ist Kunst. Interessant ist jedoch die Beziehung der beiden Bereiche zueinander. Daß es sie gibt, steht außer Frage. Ich bin äußerst interessiert an dieser Thematik und versuche, dieses auch in meiner Mode sichtbar werden zu lassen.

In einem Interview haben Sie einmal gesagt, Firmen wie Prada und Jil Sander seien symbolisch wie zwei Religionen. Wie stark ist eine Modeauffassung mit einer Weltanschauung verknüpft?

Im nachhinein erscheint mir dieser Ausdruck als ziemlich unglücklich, aber Mode hat schon etwas mit Weltanschauung zu tun. Ein Easy Rider würde sich wohl kaum so kleiden wollen wie ein Psychoanalytiker und umgekehrt. Man drückt schon das «in der Welt sein» mit seiner Kleidung aus.

Ist für Sie das Entwerfen von Männermode etwas grundsätzlich anderes als das von Frauenmode?

Grundsätzlich ist es für mich nichts anderes. Meine Richtlinien gelten für beide Bereiche. Daß jeder Bereich spezielle Anforderungen stellt, versteht sich von selbst. Aber die Haltung, mit der ich diesen begegne, ist die gleiche.

Wie wichtig ist es bei von Frauen entworfener Damenmode, daß die Kundin die Modemacherin als eine Art «prima inter pares», als erste Kundin bzw. Vorbild, empfindet? War dies auch damals der Grundgedanke, als Sie mit Ihrem eigenen Gesicht warben?

Ich würde mich nicht als Vorbild anbieten, aber ich möchte klar und deutlich zeigen, daß ich mich mit dem, was ich tue, und dem, was dabei herauskommt, identifiziere. Ich stehe gerade für das, was ich den Frauen offeriere. Ich bin überzeugt von meiner Idee. Das möchte ich vermitteln. Wenn das ankommt, hat es vielleicht etwas wie «Vorbild»-Charakter. Möglicherweise lassen sich manche Frauen davon anregen. Mit meinem Porträt war das ganz einfach. Ich verstecke mich nicht hinter meinem Produkt. Zeige mein Gesicht, richte meinen Blick auf die Kundin.

Bei Ihrer Rückkehr in die Mode sind Sie hymnisch gefeiert worden. Selbst die einflußreiche Modejournalistin Suzy Menkes huldigte Ihnen derart, daß sie in ihren Berichten Ihre herausragende Schau vom «rest of Milan» sorgfältig trennte. Haben Sie Ihr Comeback als eine Art Triumph empfunden?

Triumphgefühle bekommen einem meistens schlecht und zeugen auch von mittelmäßigem Geschmack. Lassen Sie es mich so sagen: Ich habe mich sehr gefreut.

Wie hat sich die Modewelt während Ihrer Abwesenheit verändert?

Die Modewelt ist geblieben, wie sie immer war: Sie ändert sich andauernd. Darauf kann man sich verlassen. Auch wirtschaftliche und politische Faktoren spielen eine Rolle.

Gibt oder gab es eine Modemacherin bzw. einen Modemacher, die/den Sie zutiefst verehren?

Madeleine Vionnet, wegen ihrer wunderbaren Proportionen, die nichts von ihrer Modernität und Klasse eingebüßt haben.

Coco Chanel hat es später einmal sehr bedauert, keine Kinder gehabt und letztlich auch ihrem Beruf zuviel geopfert zu haben. Sie haben ja durch Ihre Lebenspartnerin drei Kinder mit großgezogen. Empfinden Sie die Balance zwischen Beruflichem und Privatem in Ihrem Leben als ausgeglichen?

Die Balance könnte wirklich etwas ausgeglichener sein. Mein Beruf fordert starkes Engagement. Viel wird davon auch in die Familie getragen. Aber ich bin nicht unglücklich damit. Und die Familie, hoffe ich, auch nicht.

Was wäre Ihr Traumberuf gewesen, wenn Sie nicht Mode gemacht hätten?

Vielleicht Künstlerin. Da braucht man nicht so einen großen Apparat, um arbeiten zu können.

Das Interview wurde im August 2004 geführt, noch bevor Jil Sander aus dem Unternehmen, das ihren Namen trägt, zum zweiten Mal ausschied.

5. Zweite Haut: Gabriele Strehle

Hamburg, im Spätsommer 2004: Viktoria Strehle, die so umtriebige wie charmante Tochter des Strenesse-Chefs Gerd Strehle, hat unter dem Motto «Women Only» zu einem «Kulinarischen Ausflug im privaten Kreis» geladen. Ungefähr zwei Dutzend Hamburger Frauen nippen an Südtiroler Spitzentropfen, schlemmen sich durch Rohmilchkäsesorten und unterhalten sich blendend. Mittendrin Viktorias «Zweit»- bzw. Stiefmutter, die Designerin Gabriele Strehle. Braungebrannt ist sie gerade aus dem Urlaub zurückgekehrt, die Augen leuchten, sie lacht, scherzt und erzählt beim Wein, daß ihr Mann ihr früher

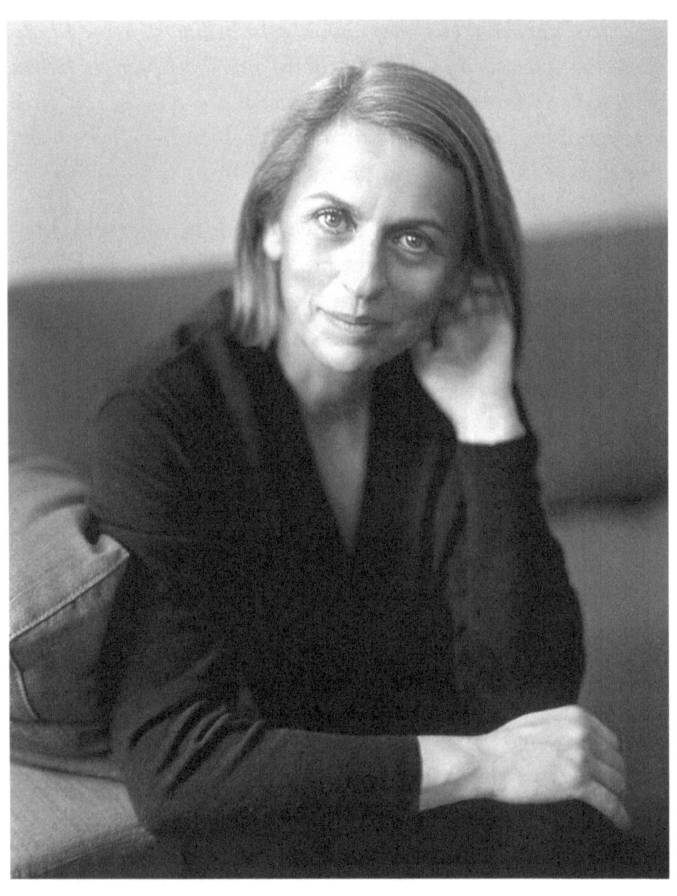

«Hautig» wirkt die Strenesse-Designerin Gabriele Strehle.

einmal weisgemacht habe, der Name Pinot Grigio sei darauf zurückzuführen, daß diese Pinot-Trauben an der Straße wüchsen. Grigio wie Grau und Grau wie der Asphalt. Und noch im nachhinein schüttet sich Strehle über die eigene Naivität aus vor Lachen.

Es gibt auch andere Szenarien: Da steht sie im Showroom der von ihr kreierten Marken *Strenesse. Gabriele Strehle* und *Strenesse Blue* neben ihrem Mann – blaß, grauhaarig, müde wirkend und mit ihren in der Branche sprichwörtlichen Schatten unter den Augen. Gerd Strehle erzählt, wie seine Frau 30 Jahre zuvor in die Firma gekommen sei – offenkundig der Anfang einer großen Erfolgsstory und natürlich auch ihres privaten Glücks. Bei so viel Ursprungsgeschichte kommen beiden beinahe die Tränen, fast der ganze Showroom scheint sich nun zu schnäuzen, und daneben hört man das Fußscharren von einigen peinlich berührten Anwesenden.

Und dann gibt es natürlich noch die Szenen, von denen sie selbst in ihrem Buch *Ob ich das schaffe*[25] berichtet und die die Journalistin Uschka Pittroff vor ein paar Jahren in einem Artikel kongenial und beispielhaft beschrieben hat, wo Strehle wie ein Derwisch durch das Nördlinger Modeunternehmen Strenesse fegt, hier verbessert, da glättet, hier die Augen, dort die Hände, da der Mund – eine besessene Perfektionistin, die andere gnadenlos antreibt, doch sich nie scheut, selbst zuzupacken.[26]

«Hautig» ist Gabriele Strehles Lieblingswort. «Hautig», das hat etwas mit «dünnhäutig» zu tun, mit dem Ablehnen einer allzu glatten Oberfläche und dem Bekenntnis zur Brüchigkeit des Lebens. Strehle, die Tochter eines Molkereibesitzers und einer Kindergärtnerin, scheint bis heute keine Lust zu haben, sich dem Styling von Körper und Charakter in der Modewelt zu beugen. Mal wirkt sie unglaublich nett und herzlich, gefühlvoll und mit Mutterwitz, mal scheu und verlegen und dann wieder kompliziert, vielleicht schroff. Sie selbst erzählt, sie sei ein «Verreckerl» gewesen, ein kränkliches, schüchternes Kind, verspielt und dem praktischen Leben nicht recht gewachsen, das Sorgenkind neben zwei begabten Geschwistern. Doch konstruiert sie hieraus nicht den schon in der Romantik beliebten Mythos des

Künstlertyps als zurückgestoßener Outsider, sondern bekennt: «Meine Kindheit war absolut katastrophenfrei. Mehr noch: wohlbehütet und glücklich. Eine ganz normale Geschichte.»[27] Und erzählt weiter: «Irgend etwas stimmte nicht mit mir, ich war wie ein falscher Ton in der familiären Harmonie. Doch den hat keiner unterdrückt, verboten oder übertönt. Und heute weiß ich, daß jenseits von Chancen, Begabung und Förderung es jedem Kind guttut, wenn es wie ich mit allen Absonderlichkeiten, Schwächen und Störungen eingebaut wird in den sozialen Klang daheim.»[28] Sie wurde also – und das scheint das Geheimnis ihrer Unverbogenheit – in der Familie Hecke (so Strehles Mädchenname) schlicht angenommen, wie sie war. Vielleicht ist gerade die Tatsache, daß Strehle so gar nichts von einer Siegerin hat, sondern durchaus wie ein «Looser» wirken kann, der Grund dafür, daß sie von postmodernen Kritikern nie für ihre mit verpönten Begriffen wie «authentisch» oder «pur» belegte Mode gescholten wurde. Strehle pflegt beispielsweise meistens ungeschminkt aufzutreten. Und diese Natürlichkeit kann nicht als sich sorgsam verbergende Künstlichkeit entlarvt werden, weil sie in diesem Fall tatsächlich «authentisch» ist. Selbst der mißtrauischste Beobachter, der dahinter ein perfektes, «ungeschminkt» anmutendes Make-up vermutet, ist beim Anblick der oft unglaublich überarbeitet wirkenden Designerin schnell überzeugt: Gabriele Strehle traut sich, wirklich «schlecht» auszusehen.

Nun kann Mode nicht den «wahren Charakter» eines Menschen hervorheben, da sie ja per se immer einen Akt der Be- und somit Verkleidung impliziert. Und die Strenesse-Mode huldigt zudem durchaus dem Ideal einer reinen Ästhetik, perfekter Schnitte und feiner Stofflichkeit. Doch enthält sie auch immer irgendeinen Bruch, einen – wie der italienische Dichter Eugenio Montale es ausgedrückt hätte – «annello che non tiene»,[29] ein nicht passendes Glied in der Kette der Ideen. «Ich empfinde unser Jetzt als eine Phase des Zweifelns. Die Menschen sind auf der Suche, sie wollen sich nicht belasten, damit sie jederzeit aufbruchsbereit sind. Andererseits spüre ich, daß bei vielen ein Bedürfnis gewachsen ist, sich in ihrer Kleidung geborgen zu fühlen. Ich könnte auch sagen, sich von ihr verstanden zu fühlen. Also entsprechen dem Zeitgefühl Materialien, die leicht sind, aber emotional. Das, was ich mit meinem selbst erfundenen Wort ‹hautig› nenne: Wer sie trägt, empfindet sie nicht als fremd, sondern wie eine zweite Haut»,[30] erklärt sie in ihrem Buch. In der Umsetzung heißt das: Ein feines Top sowie eine patchworkartig zusammengenähte Lammjacke zur ausgewaschenen Jeans (Herbst/Winter 2002/03), ein schmaler, wärmender, dunkelgrauer Fischgrätmantel, dessen Saum ein wenig nach oben gerutscht zu sein scheint (Herbst/Winter 2003/04) oder – wie in einer neueren Kampagne mit Claudia Schiffer – ein zartes schwarzes Lagenkleid mit Volants und asymmetrisch geschnittenem Saum unter einer schützenden Lederjacke mit leicht betonten Schultern. Das Ätherische ist immer dabei (die Models wirken zart und verletzlich), doch auch ein Element des Verschlossenen, Unantastbaren sowie etwas «Ungeschminktes, Nacktes». Claudia Schiffer und Boris Becker (Strehle verkauft seit 2002 auch Herrenmode) sind beispielsweise in der Herbst/Winter-2004/05-Kampagne barfuß zu sehen und bewegen sich in leicht grotesk anmutenden Posen. Becker sitzt mit erstauntem Blick auf einem Holzstuhl, während die auf dem Boden liegende Schiffer ihre nackten Beine auf dem Tisch von einem Heizlüfter bepusten läßt. Der Fotograf solcher Szenen ist der auf Brüche spezialisierte Jürgen Teller, der schon öfter für Strenesse gearbeitet hat. Die kunstvoll gemachten Bildbände, die die Kollektionen über mehrere Jahre lang verewigten, galten in der Szene eine Zeitlang als Sammlerstücke. Die dort verewigten Kampagnen mit Topmodels wie Linda Evangelista oder Amber Valetta – schwarzweiß und «hautig», fotografiert von Teller –

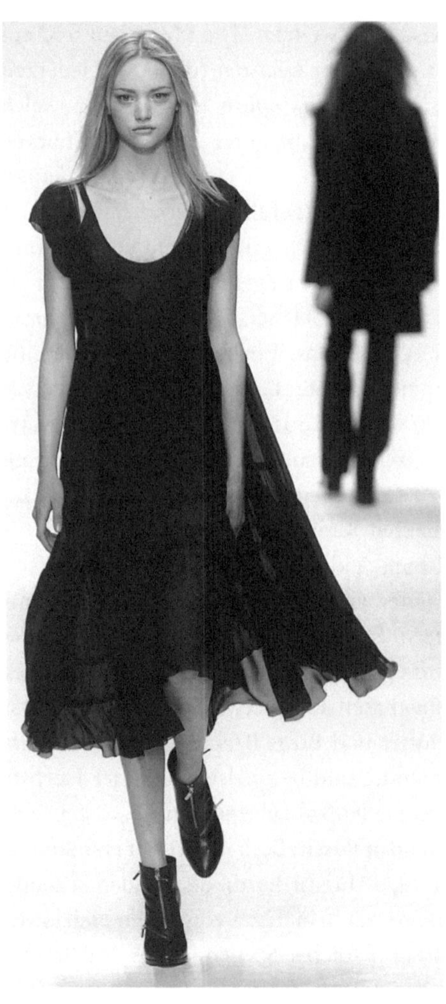

Strehle zieht Frauen lässig an ... (Herbst/ Winter 2004/05)

trugen zu dem großen Erfolg von Strenesse um die Jahrtausendwende herum bei. Und sie paßten perfekt zu der Kultur des Zweifels, die von den postmodernen Theoretikern in Mode gebracht worden war. Gabriele Strehle mußte sich früher zwar immer den Vergleich mit Jil Sander gefallen lassen, da sie ähnlich ihrer noch berühmteren Kollegin Purismus und Klarheit huldigt. Doch als sie, nachdem sie eine Zeitlang schöne, perfekt geschnittene schlichte Mode für die moderne Frau entworfen hatte, von der glatten Oberfläche Abschied nahm, wagte niemand mehr den häßlichen Ausdruck «Jil Sander für Arme». Plötzlich wurde akzeptiert, daß sie in einem etwas niedrigpreisigeren und nicht ganz so exklusiven Segment wie Sander arbeitete. Überhaupt erinnert ihr Hang zu Brüchigkeit und Zweifeln dann schon eher an die dekonstruktivistisch geprägten Antwerpener Designer. Doch verbindet sie dies mit einer urbayerischen weltzugewandten Basis. Strehle ist ausgesprochen bodenständig. Und niemand, am wenigsten wohl sie selbst, würde sie als «Modeintellektuelle» bezeichnen, auch wenn sie solche oft anzieht.

Gabriele Hecke kam 1951 im bayerischen Allgäu zur Welt, im Dorf Hawangen nahe Memmingen. Bis zum Schuleintritt ging sie ganz und gar in der liebevollen Betriebsamkeit des Elternhauses auf. Ihr Hang zur Erdigkeit und zur Qualität ursprünglich gebliebener Erzeugnisse stammt aus den Erfahrungen in der elterlichen Molkerei und von ihrer Mutter, die unermüdlich backte, kochte oder einmachte. Der Eintritt in die Schule muß für sie ein traumatisches Erlebnis gewesen sein. Anders als ihre beiden Geschwister litt sie unter den dortigen Abläufen und Anforderungen. Statt dessen flüchtete sie sich immer mehr in die Welt ihrer Puppen und deren Kleider – wie bei einigen anderen Modemachern auch eine Art erster Kontakt mit dem späteren Metier. In der Lehre in einem örtlichen Schneiderbetrieb blühte sie auf. Tagsüber arbeitete sie dort, und danach besuchte sie die Abendschule, um ihre Mittlere Reife nachzuholen. Tag und Nacht zu arbeiten, kannte sie ja von ihren Eltern, und hier konnte sie ihre kreativen und handwerklichen Fähigkeiten endlich einsetzen. Immer wenn etwas Neues anstand, habe sie «Ob ich das schaffe» in sich hineingeseufzt. Und wenn es geschafft war, die Latte höher gelegt.[31] Sie absolvierte mit dieser Methode schließlich die beste Gesellenprüfung von Bayern. Und begann damit, sich nach und nach vom Ruch des «Verreckerl» zu emanzipieren. Allerdings: Das Stipendium für die Meisterschule für Mode in München, das mit dem Erfolg gewonnen worden war, stellte sich erst mal als harte Prüfung heraus. Strehle, die sich selbst als «Spätzünder» und «Spätentwickler» beschreibt, fiel der Abschied vom Elternhaus äußerst schwer. Und auch die schicke Großstadt und die noch schickeren Mitschüler schüchterten das «Mädel vom Lande» ein. Ihr Rezept dagegen: In einem Krämerladen, der auf dem Schulweg lag, bewaffnete sie sich mit mehreren Litern Milch, die nach «Zuhause» schmeckten. Und die trank sie dann in der Schule, wie Models heute Mineralwasser trinken. Doch auf die anderen Studenten muß dies ziemlich provinziell und unerwachsen gewirkt haben.

Genausowenig nachvollziehbar wie der tägliche Milchkonsum war für ihre Mitschüler nach dem Abschluß wahrscheinlich auch Gabrieles Entscheidung, nach Nördlingen in Bayerisch-Schwaben zu gehen. Zu einem ursoliden, eher biederen Familienbetrieb namens Strehle KG, der seit der Nachkriegszeit Damenmäntel und Kostüme fertigte. Allerdings bemühte sich der Juniorchef Gerd Strehle seit ein paar Jahren um den Aufbau einer jungen, trendorientierteren Linie und hatte hierfür emblematisch den Namen Strenesse – Strehle und «Jeunesse» wie Jugend – gewählt. Sogar Nähen und Zuschneiden hatte der Diplom-Kaufmann, der eigentlich Konzertpianist hatte werden wollte, gelernt, um bei den Abläufen in der von seinem Vater gegründeten Firma besser «mitreden» zu können.[32] Schon damals war Strehle also offenkundig hoch ambitioniert, mit einem sehr eigenständigen Standpunkt – eine ideale Reibungsfläche für seinen nicht minder ehrgeizigen späteren Counterpart Gabriele.

1973 trat Gabriele Hecke, inzwischen verheiratete Mangold (ihr damaliger Mann beendete gerade sein Studium der Veterinärmedizin in München), in die Firma ein. Mit großem Einsatz und Hartnäckigkeit setzte sie ihre Vorstellungen von zeitgemäßer Mode – natürlich als Komplettkollektion – nach und nach um. Gerd Strehle scheint sehr früh verstanden zu haben, daß die Jungdesignerin genau die Richtige für die Modernisierung der Firma war. Und im Gegenzug erwies auch er sich als der große Joker in Gabrieles Leben. Zusammen bauten sie eine der renommiertesten deutschen Designermarken auf. Und dabei verliebten sie sich ineinander, allerdings mit Hemmungen und Hindernissen, da beide noch verheiratet waren, wenn auch wohl längst nicht mehr glücklich.

Heute gilt das Ehepaar Strehle als eine Art Dream-Team der Mode. Sie verantwortet den kreativen Bereich, liefert die Ideen, erspürt den Zeitgeist. Er – ein redebegabter und kommunikativer Mensch – steuert als Vorstandsvorsitzender und Mehrheitseigner der Strenesse AG maßgeblich den geschäftlichen Part. Viele Jahre lang war Gerd Strehle alleiniger Geschäftsführer, denn bis 1999 agierte die Firma als familiär geprägte Personengesellschaft. Mit der Umwandlung in die Strenesse AG wurden die Voraussetzungen für Wachstum und internationale Expansion geschaffen und gleichzeitig die Möglichkeiten zur Kapitalbeschaffung erleichtert.[33] Längst war man ganz anders aufgestellt als zu dem Zeitpunkt, als Gabriele bei Strehles angefangen hatte. Allerdings: Der Erfolg kam schrittweise. Denn eigentlich dümpelte Strenesse einige Jahre so dahin – mit sehr schönen, von der bald zur Chefdesignerin aufgestiegenen Gabriele entworfenen Teilen, von denen jedoch niemand so recht Notiz nahm. «Jammerschade, was meine Frau geleistet hat – und was wir daraus gemacht haben», sagte sich Strehle irgendwann. Und dann kam eine Art «Turning Point», ein Wendepunkt. 1987 setzten sich die Strenesse-Macher mit einem Berater zusammen und faßten nach Bestandsaufnahme einen langfristigen Plan.[34] Die Marke wurde fortan professionell aufgebaut mit später preisgekrönten Werbekampagnen, der günstigeren Sportswear-Linie *Strenesse Blue* (1993) und 1995 dann dem Schritt nach Italien mit einer eigens dafür gegründeten Tochterfirma und der Teilnahme an den Mailänder Designerschauen. Strenesse spielte nun in den vorderen Reihen mit und paßte zudem mit der schlichten Raffinesse der Entwürfe sehr gut in das Lebensgefühl der 90er Jahre. Furore machte zudem die Zusammenarbeit mit dem Künstler Haim Steinbach für die Designerschauen, die das «kultivierte» Image der Marke noch verstärkte. Strehles erhielten einige Preise, verkauften bald auch Schuhe und Taschen und lancierten 1999 zudem noch eine Jeanslinie, die später allerdings wieder eingestellt wurde. Der wohl wichtigste Schritt auf dem Weg zum anerkannten Fashion-Label kam jedoch 1998: Da wurde die Designerlinie umbenannt in *Strenesse. Gabriele Strehle* und somit personalisiert. Strehle tat damit etwas, was ihr eigentlich gar nicht lag: nach vorne treten, sich ins Rampenlicht stellen, Geschmeidigkeit beweisen. Denn zu leicht war der vorherige Name Strenesse Group, mit dem sie eigentlich ihr Team hatte ehren wollen, als gängige Bezeichnung eines größeren Konzerns zu verstehen. Letztlich klang die Group nach Masse, nicht nach Klasse. Mit der Personalisierung hingegen wies sich Strenesse klar als Designermode aus. Und: Strehles nutzten endlich den großen Vorteil einer von einer Modemacherin gemachten Damenkollektion. Die Kundin konnte sich fortan mit Gabriele Strehle identifizieren.

«Die Personifizierung ist die Sprache, die das Produkt spricht», sagte Gabriele Strehle damals in einem Interview, das sie mit mir in Nördlingen führte. Und: «Ich versuche, jede Saison die gleiche Frau anzusprechen, aber mit dem Gefühl für diese Frau.» Ähnlich wie bei anderen geistigen Töchtern Coco Chanels scheint diese Frau aus dem Bild der Designerin selbst geformt: eine moderne Frau, die Kleidung liebt, sie aber nicht als Aufgabe in ihrem Leben betrachtet. Eine Frau – und hier gleicht sie auch der Jil-Sander-Frau–, die aus Kleidung eine Art Wohlfühlfaktor generiert, um im Leben besser klarzukommen.

Insgesamt ähnelt jedoch das Bild jedoch, das Strehle ihrer Kundin vorlebt, eher dem Donna Karans:[35] eine berufstätige Mutter (Strehles haben zusammen die Tochter Clara; hinzu kommen Gerd Strehles mittlerweile erwachsene Kinder aus erster Ehe), die ständig auf dem Sprung ist, Höhen und Tiefen durchlebt, mit Leidenschaft und Begeisterung sowohl Mutter als auch Designerin ist, beides zusammen manchmal aber nur mit Mühe «unter einen Hut» bekommt und aus dieser Anstrengung auch kein Geheimnis macht. Geschichten wie die, daß Clara immer zehn Pfennig bzw. nun zehn Cent bekommt, wenn die Eltern sich nach Verlassen der Firma über Berufliches unterhalten oder gar streiten,[36] verstärken den Eindruck eines Menschen, dessen Dasein zwar herausgehoben ist, aber dennoch der Lebenswelt vieler gleicht. Die Autobiographie Gabriele Strehles ist gefüllt mit Storys über die Fußangeln des Alltags. Und auch Kapitelüberschriften wie *Weshalb Kinder stören sollen*, *Wie eine Klassefrau zum ästhetischen Risiko werden kann* oder *Weshalb Fehler Sympathien bescheren können* verweisen auf die vielen Fragezeichen heutiger Lebensentwürfe.

Letztlich verkörpert Gabriele Strehle ganz und gar die Frau von heute, und welchen Platzvorteil sie dadurch hat, weiß sie seit langem. «Als Frau, zumal als berufstätige, kann ich besser als jeder Mann nachempfinden, was moderne Frauen wünschen», sagte sie 1998 der Zeitschrift *Marie Claire* über die von weiblichen Designern entworfene Damenmode.[37] Gerade die Strenesse-Kundin vertraut auf den Instinkt der Macherin. Dies ist insbesondere seit der Personalisierung das Pfund, mit dem die deutsche Marke wuchern kann. Und wahrscheinlich noch wertvoller als die Tatsache, daß *Strenesse. Gabriele Strehle*-Teile mittlerweile in dem wohl trendsetzendsten Laden Europas – Colette[38] in Paris – hängen und sogar von den Colette-Machern wiederholt als vorbildhaft genannt wurden. Strehle verkörpert selbst das perfekte Nichtperfekte, von dem sie manchmal spricht.[39] Moderne Frauen können sich mit dem «Ja, aber...» ihres Lebens identifizieren. Dazu gehört sicher auch das Bild der Strehles als Paar – zwei vollkommen ungleiche Menschen, die aber immer wieder zeigen, daß sie ohne einander nicht können.

Auch in modischer Hinsicht stellt Gerd Strehle inzwischen Ergänzung wie auch Gegenpart zu seiner Frau dar – als eine Art Modellfigur für die Mitte Januar 2002 lancierte Herrenkollektion. Selbst wenn Strehle nicht so auftritt: Die Linie gewinnt dadurch an Glaubwürdigkeit, daß das Publikum weiß: Die Designerin hat einen kritischen Partner, der ihr schon die Leviten liest, wenn die Sachen nicht passen. Auch hier kann man Parallelen zu Donna Karan und ihrem Mann Stephan Weiss ziehen. Dennoch: Ob der Schritt in die Männermode mit der erstmals im Januar 2002 in Mailand präsentierten Herrenlinie wirklich eine gute Idee war, muß sich noch herausstellen. Sie kam – nach langer Vorbereitung – zu dem wohl denkbar ungünstigsten Zeitpunkt überhaupt heraus. Die Modebranche war von Rezession und allgemeiner Kaufzurückhaltung nach dem 11. September 2001 geprägt. Und prompt waren in der Szene neben lobenden auch einige kritische Stimmen über «Strenesse Gabriele Strehle Menswear» zu hören. Der Umsatz der Firma zumindest ist durch die Herren nicht gestiegen. Er ging im Gegenteil von 95 Millionen Euro im Geschäftsjahr 2002/03 auf 85 Millionen Euro im Jahr 2003/04 zurück. Im Rekordjahr 2001/02 hatte er sogar bei 125 Millionen Euro gelegen. Doch muß man bei dem zunächst wie ein Einbruch erscheinenden Rückgang mitberechnen, daß es noch beträchtliche Lizenzein-

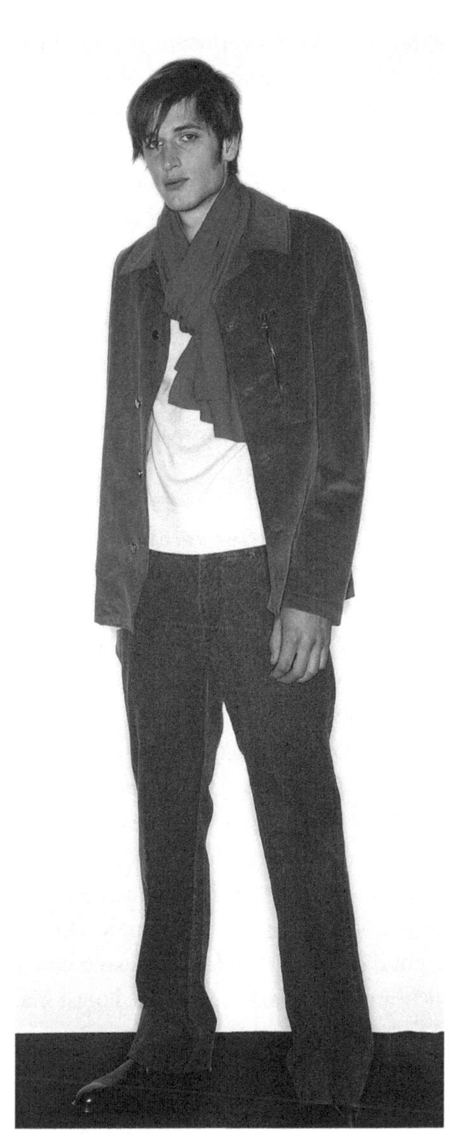

… und inzwischen auch Männer (Herrenkollektion Herbst/Winter 2004/05).

nahmen (in Höhe von etwa 17 Millionen Euro) gab. Die Lizenzen für Schuhe und Accessoires wurden 2001 und 2002 ins Unternehmen zurückgeholt, wirkten sich also entsprechend auf die Ergebnisse dieser Geschäftsjahre aus.

Immerhin: Zur Zeit erhält Gabriele Strehle sogar von den Modepäpsten der amerikanischen Publikation *Women's Wear Daily* sehr gute Kritiken. Und auf ihre weibliche Kundin kann sie in jedem Fall bauen. Denn irgendwie vermittelt Gabriele Strehle mit ihrem Menschlich-Allzumenschlichen, ihrer Liebe zu italienischer Kultur und süddeutschem Rohmilchkäse, ihrem Allgäuer Dialekt und ihrer Faszination von «Hautigkeit» das Gefühl: Die Humanistin von heute trägt gerne Strenesse.

6. Die Kunst der Verführung: Miuccia Prada

Der Teufel trägt Prada nannte die Amerikanerin Lauren Weisberger ihr vor wenigen Jahren erschienenes, mittlerweile verfilmtes Romandebüt.[40] Protagonistin des Buchs ist die mächtige Chefredakteurin eines Luxusmagazins (unschwer als die Chefin der US-*Vogue* Anna Wintour zu entschlüsseln) mit einer Vorliebe für das italienische Label Prada. Bei aller sonstigen Häme wird der Hauptfigur ein erlesener Stil bescheinigt, und keine Modemarke bringt dies besser auf den Punkt als Prada. Das Buch hätte ohne weiteres auch mit «Selbst der Teufel trägt Prada» betitelt werden können, denn wie kaum ein anderes zieht das italienische Label Massen von Menschen unwiderstehlich an. Der Markenname ist längst eine gängige Vokabel der Modeszene, man spricht vom «Prada-Mann», von «Pradaismus», und auch der deutsche Piper-Verlag wußte im Frühjahr 2004 genau, was er tat, als er den französischen Roman *Hell* von Lolita Pille mit *Pradasüchtig* betitelte. Schon legendär sind die Menschenschlangen vor den Läden in Mailand oder Paris,

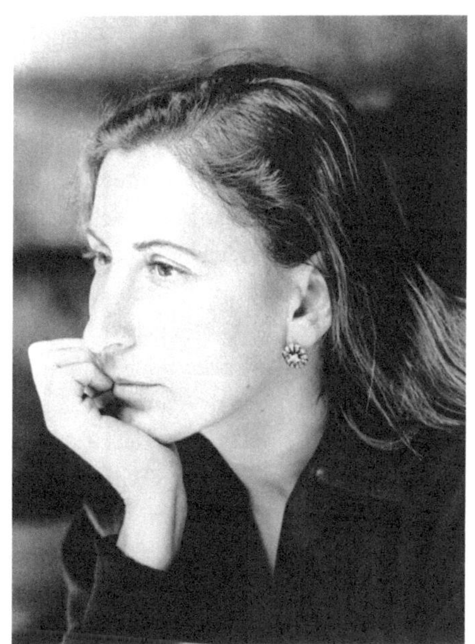

Miuccia Prada gilt als einflußreichste Modemacherin unserer Zeit. Das *Time*-Magazin zählte sie kürzlich sogar zu den 100 bedeutendsten Menschen der Welt.

und obwohl so viele Männer und Frauen das Label begehren, wirkt es nach wie vor äußerst anspruchsvoll. Selbst Intellektuelle dürfen Prada tragen. Gilt von allen zum Statussymbol taugenden Luxusmarken Hermès als nobelste, Vuitton als glamouröseste, Versace als protzigste und Gucci als die erotischste, so kann man Prada als die modernste bezeichnen. Prada hat seit den 90er Jahren das Verhältnis der Gesellschaft (sowohl im Westen als auch in Fernost) zur Mode geprägt und verändert, Prada setzt die meisten Trends, und die Modemacherin, Eigentümerin und Ideengeberin Miuccia Prada ist die zur Zeit einflußreichste aller hier vorgestellten Designerinnen. Sie hat das größtmögliche Kunststück der Branche vorgeführt: eine Marke zu kreieren, die massenwirksam ist und gleichzeitig das Gefühl von Klasse vermittelt; eine Marke, mit der sich Eklektizismus und Kommerz verbinden lassen. «Jeder, der einmal in eines der 165 Prada-Geschäfte gegangen ist – deren Wände allesamt in den gleichen Mint-Nuancen gestrichen sind –, muß anerkennen, daß sie die Art, in der viele Leute über Kleider denken, verändert hat»,[41] schrieb unlängst der *New Yorker* über Miuccia Prada.

Das Phänomen Prada ist nicht leicht zu erklären. Zumal Miuccia Prada selbst weder dem Typus der komplizierten Künstlerin mit allerlei Extravaganzen entspricht noch wie eine toughe Businessfrau wirkt. Die ungebrochene Selbstüberzeugung einer Vivienne Westwood oder auch Jil Sander scheint ihr zu fehlen. Und besonders «trendy» agiert sie schon gar nicht. Prada ist bekannt dafür, daß sie ihre Freizeit mit ihren beiden Söhnen verbringt, zu Hause bleibt, am Wochenende gerne aufs Land fährt – in die Toskana oder in ihr Schweizer Haus in der Nähe von St. Moritz. «Ich habe zwei Kinder aufgezogen», sagt sie. «Fünfzehn Jahre lang war dies das, was ich nachts und in jeder freien Minute getan habe. Ich bin nie gereist, nie ausgegangen. [...] Ich bedaure das nicht einen Moment lang.»[42] Mit ihrem Mann Patrizio Bertelli ist sie seit über 25 Jahren liiert. Und auch ihre sonstigen menschlichen Beziehungen zeugen von großer Beständigkeit – sie besitzt einen festen Kreis langjähriger Freundinnen und Freunde, der sich regelmäßig trifft. Bei diesen Treffen sind manchmal auch Miuccias Mutter und ihre Tante (die beide über 80 Jahre alt sind) zugegen.[43] Mit letzteren teilt sich die Mailänderin das große Haus, in dem sie auch aufgewachsen ist. Die Verwandten wohnen oben, Miuccias Familie unten. All dies zeugt von Familiensinn, Solidität und Häuslichkeit, nicht gerade Eigenschaften, die man bei der größten Trendsetterin unserer Zeit vermutet. Gleichzeitig wird sie immer wieder als ausgesprochen mädchenhaft und jugendlich beschrieben – keine typische Mamma also.

Miuccia Prada verfügt über den diskreten Charme der Bourgeoisie – auf moderne Weise –, und das macht sie für die Fashion-Szene, die ihr seit vielen Jahren förmlich verfallen ist, ausgesprochen anziehend. Ihr eignet etwas, was gerade Modeleuten oft fehlt. Mit Prada-Kleidung versuchen sie, sich dieses überzustülpen. Gerade weil die Designerin sich fernhält, kann man mutmaßen, daß sie zu fein, zu nobel, zu *sophisticated* für den oft vulgär erscheinenden Rummel der Modestars und Schauspielertypen, der Models und Rocker ist. Sie entblößt ihre Persönlichkeit nicht und wirkt dabei höflich und zuvorkommend. «So, wie die Distanz, die sie den schillernderen Elementen der Branche gegenüber bewahrt, dem Label Prada ein diskreteres und damit ungleich wertvolleres Image verschafft, verleiht ihr strenger und eher mittelbarer Zugang zur Mode ihren Kleidern eine Integrität, die der Arbeit anderer Designer manchmal fehlt. Ich denke, die Kunst der Verführung beinhaltet genau das: etwas geben, aber auch ein bißchen zurückhalten»,[44] schrieb James Collard über Miuccia Prada. Der Appeal bourgeoiser Wohlerzogenheit von Pradas Kleidung wird gleichzeitig durch ihren Mut zum Schrägen, Nicht-ganz-Passenden aufgebrochen und damit erst recht interessant und modern. Wahrscheinlich sind es gerade die kleinen Widersprüche im Leben und Wirken Miuccia Pradas, die einen großen Teil ihres Erfolgs ausmachen und sie zur Kunst der Verführung befähigen.

Prada kommt aus einer alten Mailänder Familie. Schon ihr Großvater väterlicherseits eröffnete 1913 in der feinen Mailänder Galleria Vittorio Emanuele II. ein Geschäft für Lederwaren und kleine Luxusartikel. Kurze Zeit später belieferte er den königlichen Hof mit seinen aus allerfeinsten Materialien gefertigten Preziosen. Und auch wenn die Hoch-Zeiten des Unternehmens Prada nach dem Zweiten Weltkrieg erst einmal vorbei waren, so wuchs die 1950 geborene Miuccia doch in einer wohlhabenden und vornehmen Umgebung auf, geprägt vom Umgang mit Luxusgütern. Ihre Mutter Luisa, die nach dem Tod des Großvaters das Geschäft übernahm, war (und ist) eine hochelegante Frau. Miuccia wurde relativ streng erzogen und mußte sich auch in Kleiderfragen dem unfehlbaren Geschmack der Eltern beugen. «Ich weiß noch, wie verrückt ich hinter einem Paar pinkfarbener Schuhe her war. Ich wurde mit dem brennenden Wunsch nach pinkfarbenen Schuhen groß.»[45] Statt dessen gab es braune Fußbekleidung mit flachem Absatz und dunkelblaue Faltenröcke. Immer wieder taucht das Wort «seriös» auf, wenn die Designerin ihre Familie beschreibt. Und: «katholisch». Aber sie sagt auch: «Keine Probleme mit meiner Familie. Nicht so viel Spaß. Nicht Glück. Neutral. Zwei Brüder. Ingesamt drei Kinder.»[46]

Als Miuccia erwachsen war, brach sie aus. Zumindest ihre Familie muß es als rebellischen Akt angesehen haben, als die Tochter damals, statt in die Firma einzutreten, politische Wissenschaften studierte. Sie promovierte 1970 und war mittlerweile Mitglied der Kommunistischen Partei geworden. Allerdings: Im Italien der späten 60er und frühen 70er Jahre war dies bei Kindern der Mittel- und Oberklasse eher gängig. Es galt als schick, sich links zu geben. Auch war die italienische KP nie so radikal ausgerichtet wie die Schwesterparteien in anderen Ländern, sondern war im Gegenteil durch die herausragende Rolle, die sie in der italienischen Widerstandsbewegung während des Faschismus gespielt hatte, relativ wohlgelitten. Doch die Ernsthaftigkeit, die Miuccia noch heute prägt (dies wird aus vielen ihrer Äußerungen deutlich), wird sie auch damals schon besessen haben. Und so muß auch ihre frühere politische Radikalität echt gewesen sein. Sie interessierte sich damals ebenfalls für feministische Ideen. Die Zweifel, die häufig ihre Arbeit bestimmen, finden hier ihren Ursprung. Wer einmal gesellschaftliche Zusammenhänge in Frage gestellt hat, den treiben solche Dinge meist auch später noch um. Sich mit Mode zu beschäftigen galt damals bei politisch engagierten, emanzipierten Frauen als oberflächlich, ja frivol. Und dieses verbissene Urteil scheint die Designerin bis heute zu verfolgen: «Ich habe so eine Art Komplex, daß meine Arbeit oberflächlich und dumm ist», erzählte sie im *New Yorker*. «Das ist mein persönliches Drama. Nicht das der Welt. Alle klugen Leute sagen, sie hassen Mode und daß sie eine derartige Zeitverschwendung sei. [...] Aber irgend jemand muß doch daran interessiert sein, denn wenn ich in die Geschäfte gehe, sind die Leute da.» Und wenig später resümiert sie mit bewundernswerter Selbstironie: «Ich mache Kleider. Es ist dumm. Aber es ist meine Arbeit.»[47]

Allerdings betont Prada auch immer wieder, wie sehr sie diese Arbeit sowie Kleidung überhaupt liebt. Und schon als kommunistische Demonstrantin fiel sie auf, da sie sich so exzentrisch kleidete. Etwas schräg, etwas modisch, etwas Saint Laurent oder Cardin, britische Kleidung, Vintage und Uniformstil sowie immer Highheels. Zutaten, die heute noch in ihren Entwürfen wiederzufinden sind. Prada gilt als Meisterin im Mixen von Dingen, die auf den ersten Blick nicht zusammenzugehören scheinen. Sie kann im limonengrünen Rock und einem Oberteil in Mauve mit schwarzen Socken erscheinen oder im schwarzen Kleid mit lila Strümpfen, dazu Pumps und wertvollen Harry-Winston-Ohrringen – sie wirkt immer stilvoll. Männer beschreiben sie als attraktiv oder sogar sexy, doch von der typischen schicken, dünnen, ja ätherischen Prada-Kundin ist sie im Grunde weit entfernt.

Dennoch eignet sich Prada selbst phantastisch als Stilvorbild. Auch dies spielt mit Sicherheit eine wichtige Rolle, wenn man das Phänomen Prada erklären will. Wie bei einem abstrakten Künstler, der am Anfang seiner Karriere bewiesen hat, daß er realistisch und handwerklich perfekt malen kann, so nimmt man auch Miuccia Prada ihre Stilbrüche ab. Sie verströmt eine derartige Aura untadeligen Geschmacks, daß all das von ihr präsentierte Schräge auf dieser Folie wahrgenommen wird. Mit der traumwandlerischen Sicherheit derjenigen, die «weiß, wie

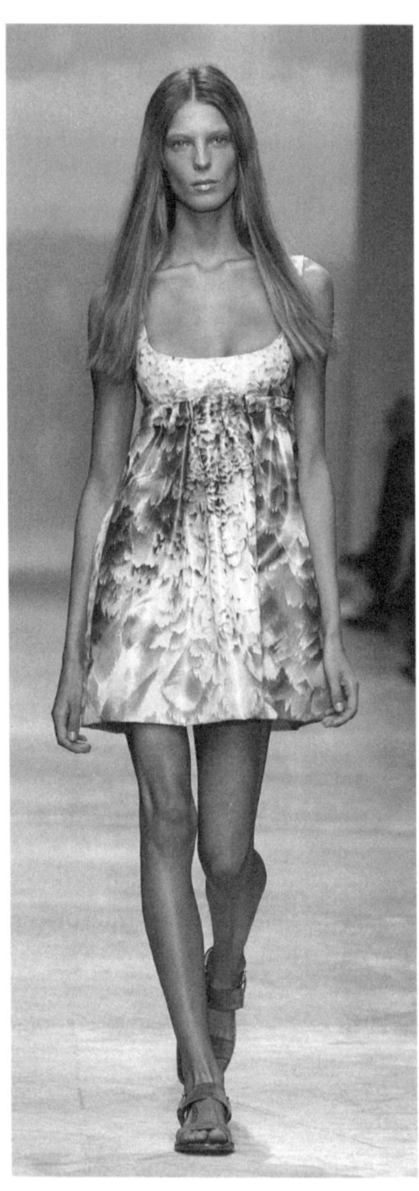

Prada-Mode für Frühjahr/Sommer 2005. Die Kollektion spielt mit dem Thema Reisen. Karibische und afrikanische Motive beflügeln Miuccia zu Entwürfen wie diesem Kleid mit aufgedruckten Schwingen.

es geht», kann sie es sich leisten, Schönheitskonventionen zu durchkreuzen. Und selbst als sie sich – gelangweilt vom eigenen Stil – bewußt mit Trash befaßte und Aufschreie durch ihre sogenannten Tapetenkleider hervorrief, mehrte dies nur ihren Ruhm als Designerin. Die Kollektion für Frühjahr/Sommer 1996 in Giftgrün, Schmutzigbraun und Honiggelb erinnerte mit ihren Drucken auf Kleidern und Mänteln an Kittelschürzen, alte Tapeten oder Duschvorhänge und Resopalplatten. Vom «Schock des Häßlichen» wurde gesprochen. Prada selbst hatte ein Jahr zuvor im Interview gesagt: «Ich mache häßliche Kleider aus häßlichen Stoffen; ‹bad taste› eben. Am Schluß sieht es trotzdem gut aus.»[48] Immerhin sah es letztlich so «gut» aus, daß es Modegeschichte schrieb und das Farbempfinden der kommenden Jahre sich allgemein stark veränderte. Plötzlich wurden Kombinationen, die vorher als «unmöglich» galten, als schön empfunden, und die verrücktesten graphischen Muster wurden modern.

Die «Tapetenkleider» öffneten Miuccia, die nach einer kurzen Karriere als Pantomimin am Piccolo Teatro in Mailand dem Willen ihrer Eltern nachgegeben hatte und in den frühen 70er Jahren in die Firma zurückgekehrt war, ein jüngeres Zielpublikum. Denn damals bestand die Gefahr, daß sie zu sehr auf einen strengen, militärisch anmutenden Look und – dazu passend – den berühmten Prada-Rucksack festgelegt worden wäre. Jener galt als «Must-Have» der frühen 90er Jahre, und er kann bis heute als ein typisches Objekt des Hauses gelten. Miuccia verwendete dafür Nylon, ein seinerzeit verpöntes Material, doch dank seiner strengen Einfarbigkeit (Schwarz oder Dunkelblau) und dem perfekten Schnitt sah der Rucksack edel aus. Die Modernität entstammte der technischen Anmutung durch den glatten Kunststoff, während die klare Form Noblesse und Understatement ausdrückte. Nylon kam durch Prada wieder in Mode. Der Rucksack zeugte von Miuccias Gabe, Nonkonformismus mit den Werten klassischer Tradition zu mischen, eine wichtige

Ingredienz, will man das Rezept ihres Erfolges entschlüsseln. Er diente als Grundstein zum neuen Ruhm des Markennamens Prada, doch wäre er wohl nie kreiert worden, hätte Miuccia nicht 1978 ihren späteren Mann Patrizio Bertelli kennengelernt.

Die beiden trafen sich auf einer Messe für Lederwaren. Sie führte mittlerweile die elterliche Firma und fertigte feine Taschen, und auch er stellte Handtaschen her, die allerdings eher im Massenmarkt angesiedelt waren. Prada konfrontierte Bertelli unmittelbar mit dem Vorwurf, daß er ihre Modelle kopiere. Wenig später hatte er ihr die Lizenz, Prada-Taschen zu produzieren, abgeschwatzt, und die beiden wurden ein Paar. 1987 heirateten sie. Heute führt Bertelli die Firma als Vorstandsvorsitzender und ist Teilhaber.

Bertelli stellt den absoluten Gegenpol zu seiner Frau dar – zusammen geben sie seit Jahren eine Art modische Version des Films *Die Schöne und das Biest*. Er gilt als Choleriker und benutzt manchmal rüde oder zynische Worte. Sie hinterfragt in Interviews sein seltsames Wesen und macht keinen Hehl aus ihren häufigen Auseinandersetzungen (die lautstark auch in aller Öffentlichkeit ausgetragen werden). Dennoch: Zusammen gelten sie als unschlagbar. Patrizio Bertelli hat das, was man eine «Nase» nennt, ein untrügliches Gespür für Verkäuflichkeit und Marketing. Er treibt seine Frau zu immer neuen Ufern. Wiederholt hat sie eingeräumt, daß sie ohne ihn ihr Leben lang bei den Taschen geblieben und nie dahin gekommen wäre, wo sie heute steht. Bertelli gilt als der aus gröberem Holz geschnitzte Macher, während man seine Frau als sensible Kreative sieht. Natürlich werden in der Realität die Rollen nicht ganz so klar und einfach verteilt sein. Entscheidend ist jedoch, daß sich die beiden perfekt ergänzen und zusammen eine (von Guccis Erfolg abgesehen) einzigartige Leistung in der jüngeren Modegeschichte vollbracht haben. «Er hat ein unglaubliches Gespür dafür, was richtig und was falsch ist», meint Miuccia. «Ich habe niemals die Art seines Denkprozesses verstanden. Er ist komplett anders als meiner, aber am Ende haben wir doch mehr oder weniger die gleiche Idee.»[49] Seit 1988 entwirft die Mailänderin ihre Damenkollektion, fünf Jahre später kam die jüngere, experimentellere Linie Miu-Miu (benannt nach Miuccias Spitznamen) hinzu. Seit 1994 gibt es Prada-Herrenmode, seit 1997 die Linie Prada Sport. Und auf ihre Weise wirkten all diese Kollektionen wegweisend. Die Prada-Herrenmode schuf beispielsweise neue modische Optionen für den Mann. Plötzlich hielt man Anzüge wieder für schick – als schmale, scharf geschnittene Entwürfe, manchmal aus technischen Materialien, die Modernität und Formales perfekt verbanden. Die Sport-Linie griff schon sehr früh das Thema einer trendorientierten lässigen Freizeitmode auf, und die Sneakers der Kollektion galten in beinahe jeder Saison als Schlüsselelemente eines neuen Looks.

Miuccia Prada selbst kämpft stets aufs Neue mit dem, wohin sie ihr Stil und Geschmack zieht, dem, was sie für verkäuflich hält, ihrer «rebellischen Ader» (dem Wunsch, genau das Gegenteil der eigenen Ästhetik zu verwirklichen) und Patrizio Bertellis untrüglichem Gespür für Verkaufs-Seller. Doch wahrscheinlich macht gerade dieses Zusammentreffen verschiedener Elemente, die im Kontrast zueinander stehen, sich widersprechen, doch auch ergänzen, einen Teil ihres Erfolges aus. Hinter der Mode stehen damit eine Vielzahl von Ideen und Visionen, die der als äußerst komplex wahrgenommenen Gegenwart Rechnung tragen. Hinzu kommt Pradas unglaubliches Talent, mit Materialien umzugehen. Nylon, Wachstuch, Brokat, dicke Wollstoffe werden zu kleinen Twinsets, Röcken, schmalen Mänteln und Kleidern zusammengesetzt, Muster und Farben scheinbar wild gemixt – doch irgendwie ergibt die Mischung stets ein harmonisches Ganzes. Und so rufen die Kollektionen immer wieder Entzückensschreie hervor.

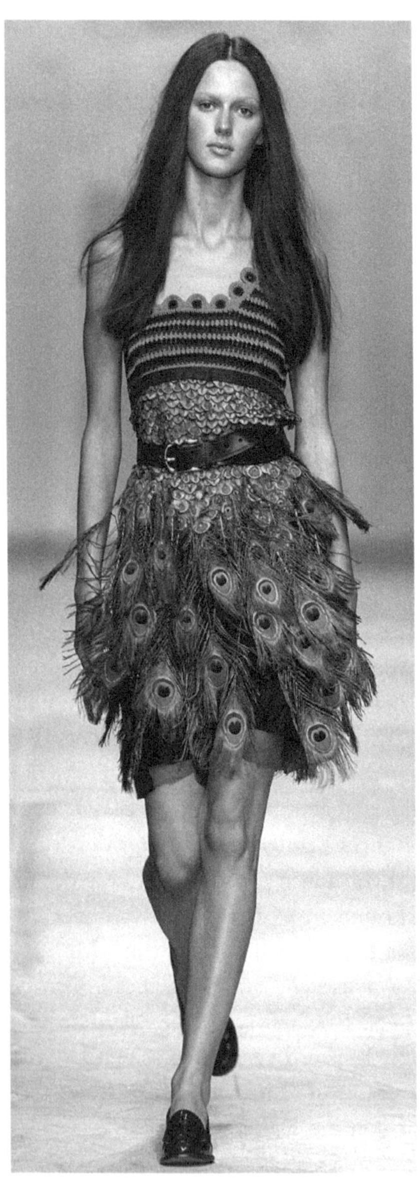

Modell mit Pfauenfedern, wie der Entwurf von S. 108 aus der «beschwingten» Frühjahrskollektion 2005.

Prada brachte 1995 zierliche Sling-Pumps in Mode und machte eine lässige Freizeittasche – die Bowling-Bag – zum Kultobjekt. Nach dem «Uniform»-Look und den Tapetenkleidern propagierte sie im Jahr 2000 zunächst Sexyness und unmittelbar danach (für die Saison Herbst/Winter 2000/01) den Schick der 40er Jahre, passend zu der damals gerade aktuellen Graham-Greene-Verfilmung *Ende einer Affäre.* Auf Figur geschneiderte Kostüme in Brauntönen, Cape-Mäntel mit Pelzkragen und fließende Seidenjerseykleider entsprachen so gar nicht dem Etikett «Ärmlicher Luxus», das der Prada-Mode vorher oft angeheftet worden war. Zwei Jahre später zeigte sie goldschimmernde Röcke und Kleider, die trotz ihrer klaren, geraden Schnitte ein wenig an die Wiener Sezession erinnerten. Und auch dieser neue Glanz in der Mode wurde sofort von anderen aufgenommen. Das 50er-Jahre-Fieber, das die Saison 2003 (wie auch noch 2004) prägte, und das Auftauchen einer neuen «Lady» in der Modewelt sind ebenfalls maßgeblich auf Miuccias Ideen zurückzuführen. Und auch ihre dekorativ-elegante Mode für Herbst/Winter 2004/05 tauchte auf der Top-Ten-Liste der Kollektionen beim Meinungsmacher *Women's Wear Daily* auf.[50] Der hier gezeigte Trend zu einer beschwingten Romantik gab in der nachfolgenden Saison den Ton für viele andere Kollektionen an. Doch Prada macht schon wieder etwas Neues – ihre Frühjahrsmode 2005 spielt mit dem Thema Reisen: Elemente eines neuen Kolonialstils mischen sich mit karibischen und afrikanischen Motiven.

Neben Miuccias zündenden Ideen und Bertellis Gespür für Must-Have-Produkte gibt es noch ein weiteres entscheidendes Element, das den Erfolg des Duos ausmacht. Prada verkauft nicht nur gut gemachte Kleidungsstücke und Accessoires. Prada verkauft vor allem einen ganz bestimmten Lifestyle, bietet sich als Projektionsfläche der Wünsche einer bestimmten Käuferschicht an. Fast jeder Modeinteressierte kennt mittlerweile die geschmackvoll gestalteten Prada-Läden, die zu einer Ikone der 90er Jahre geworden sind. Als der deutsche Fotograf Andreas Gursky sie zum Motiv erwählte, erkannte jeder Kunstinteressierte sofort, was da abgebildet war.[51] Die Bedeutung der Prada-Läden für die Identität der Marke geht noch über das hinaus, was etwa die Geschäfte von Rei Kawakubo für das Label Comme des Garçons geleistet haben. «Shopping muß als einzigartige Erfahrung verstanden werden, in der Kultur und Konsum zusammenfließen», heißt es in einem Pressetext über Pradas «Epicenter» in Los Angeles, einen neuen Ladentyp.[52] Mit dem Einkaufen findet demnach eine neue Art von Identitätsstifung statt – der Akt des Konsumierens zeichnet den Käufer als Angehörigen einer bestimmten kulturellen Schicht aus. Das erste Epicenter kreierte der holländische Avantgardearchitekt Rem Kohlhaas (mit seinen Partnern aus dem «Office for Metropolitan Architecture», OMA) für Prada im New Yorker Stadtteil Soho (Dezember 2001). Es soll eine Art Laboratorium mit Möglichkeiten zum Experimentieren für den Kunden darstellen, und so darf man sich in der beeindruckenden Architektur des Geschäfts allerlei Spielereien hingeben. Per Computer kann man sich beispielsweise zu jedem Kleidungsstück alle möglichen Informationen abrufen. Aber man kann auch zum Exhibitionisten werden und die dunklen Wände des Umkleideraums auf Knopfdruck durchsichtig werden lassen.[53] Eine Treppe fließt als eine Art Welle durch den Laden und dient nebenbei als Ausstellungsfläche für die Ware. Neben dem spektakulären Geschäft in Soho gibt es mittlerweile ein Epicenter in Tokyo (realisiert von dem Schweizer Architekturbüro Herzog & de Meuron) und eins in Los Angeles (kreiert vom OMA). Natürlich spielt Prada auch auf der restlichen Klaviatur der Lifestylemarken sehr erfolgreich. Werbekampagnen (geschaltet in Unmengen von Hochglanzmagazinen) warten immer wieder mit einer ungewöhnlichen Ästhetik auf. Ein enormer Werbeeffekt wird zudem dadurch erzielt, daß Stilikonen wie Uma Thurman, Claire Danes oder Cate Blanchett gerne in Prada auftreten. Und auch die Kosmetiklinie, in reisetaugliche Winzigmengen verpackt, trägt das Prädikat des Erlesenen. Doch insbesondere die Epicenter demonstrieren Pradas eigene Handschrift – und die hat bisher noch niemand wirklich nachahmen können.

Weniger erfolgreich allerdings hat sich das italienische Unternehmen beim Aufbau eines Luxuskonzerns gezeigt. Patrizio Bertelli hatte, wohl berauscht von den beeindruckenden Umsatzzahlen (1,5 Milliarden Dollar im Jahr 2000), einen Börsengang für 2001 geplant. Prada sollte – ähnlich wie Gucci oder LVMH – ein Gigant unter den Luxusgruppen werden. Vorher hatte er die Aktienmehrheit an den Modehäusern Helmut Lang und Jil Sander (vgl. Kapitel III.3) wie auch dem britischen Schuhmacher Church erworben. Hinzu kamen Anteile an den italienischen Luxusmarken Fendi und Genny-Byblos sowie dem französischen Designerlabel Azzedine Alaïa. Natürlich entstanden durch diese ehrgeizige Akquisitionspolitik enorm hohe Verbindlichkeiten. Doch der erlösende Börsengang, der alle finanziellen Probleme auf einen Schlag gelöst hätte, mußte dreimal verschoben werden und ist bis heute nicht erfolgt. Bertelli hatte – wie so viele andere – nicht mit dem dramatischen Niedergang des Aktienmarktes gerechnet. Die Wirtschaftsflaute nach dem Zerplatzen der New-Economy-Blase, die Auswirkungen des 11. Septembers 2001 und auch die Skandale um Enron und WorldCom machten eine Börsengang praktisch unmöglich – zuwenig Geld hätten die Aktien eingebracht.

Längst hat Prada viele Anteile – etwa die Beteiligung an Fendi – wieder verkauft. Auch von Jil Sander hat Bertelli sich inzwischen getrennt. Wahrscheinlich ist immer noch ein Börsengang geplant. Immerhin: Der Gewinn der Gruppe lag auch im Jahr 2003 noch bei 36,3 Millionen Euro. Der Umsatz bewegt sich weiterhin in Milliardenhöhe. Das Zugpferd ist nach wie vor die

Marke Prada selbst. Solange Miuccia die Ideen nicht ausgehen, wird dies wohl auch so bleiben.

Auch Miuccia Prada kann man als eine Vorzeigetochter der Chanel bezeichnen, die zum Durchbruch einer «frauenfreundlichen» Mode Entscheidendes beigetragen hat. Sie agiert so eigenwillig und unkonventionell wie Coco selbst, sie hat ihren eigenen Stil zum Modeideal unserer Zeit gemacht, und sie verkörpert mit ihrer ganzen Person die Frau von heute. Ähnlich wie Donna Karan oder Gabriele Strehle lebt sie die Widersprüche der Gegenwart, die verschiedenen Rollen einer Businessfrau, einer sensiblen Kreativen, einer Mutter und Ehefrau. Aber anders als ihre Kolleginnen verschafft sie der «zerrissenen» Frau nicht nur einen Stil, mit dem sie sich wohl fühlt, sondern auch die Möglichkeit, verschiedene Rollen zu verkörpern. Und sie selbst lebt diesen fast spielerischen Umgang mit dem Dasein vor: «Ich persönlich, und ich denke, das gilt für viele Frauen, möchte gerne verschiedene Dinge darstellen, verschiedene Leben leben. Ich möchte eine Mutter sein; ich möchte, möglichst, auch Geliebte sein. Also muß ich Kompromisse machen – das hört sich schrecklich an, doch es ist der Schlüssel dazu, glücklicher zu sein.»[54] Gerade weil Prada keine in sich geschlossene stimmige Version von Mode präsentiert, verkörpert diese Marke vollkommen die heutige Zeit. Und die oszillierende Bewegung, das elegante Wechseln zwischen den Welten, mag Miuccia Prada auch dazu befähigen, eine hochkommerzielle Ausrichtung mit Kreativität und dem Mut zur Eigenständigkeit zu verbinden. Sie beherrscht das Rollenspiel so virtuos wie Vivienne Westwood, doch dabei übertreibt sie nicht. Die italienische Modemarke ist alles andere als Theater. Miuccia Prada verkauft den Menschen eine geschmackvolle, hippe Version des facettenreichen modernen Lebens.

IV. Ausbruch: Rebellion der Designerinnen

1. Das Leben als Kostümfest: Vivienne Westwood

1989 erschien auf dem Titel der englischen Zeitschrift *Tatler* ein Bild von – so schien es zumindest – Margaret Thatcher im typischen hochgeschlossenen Kostüm, mit muttihaft hochtoupierten Haaren und leicht besorgter Miene. Darunter stand in dicken Lettern «this woman was once a punk». Daß die stets korrekt gekleidete britische Premierministerin einst ein Punk gewesen sein soll, war so unglaublich wie aufsehenerregend. Doch der Satz an sich stimmte: Denn die Frau auf dem Bild war nicht Thatcher, sondern die auf diesem Foto verblüffend ähnlich aussehende Modemacherin Vivienne Westwood. Und Westwood stellte damals genau das Gegenteil der erzkonservativen «Eisernen Lady» dar: Sie galt als Avantgardistin, Patin modischer Provokationen, Miterfinderin der Punkmode und Exzentrikerin par excellence.

Heutige Bilder der Designerin sind oft gar nicht so weit von der Thatcher-Verkleidung entfernt. Westwood trägt gern schmale Röcke im Stil der 50er Jahre, die unterhalb des Knies enden, taillierte Jacken und Seidenblusen oder längere Kleider, die ihre mittlerweile matronenhafte Figur erkennen lassen. Die Haare umschließen in rötlichen Wellen das hell geschminkte Gesicht, und wären da nicht die dicken Plateauschuhe, so könnte man manchmal denken, sie sei eine etwas altmodische britische Großmutter. Natürlich gibt es auch andere Bilder: Da thront sie

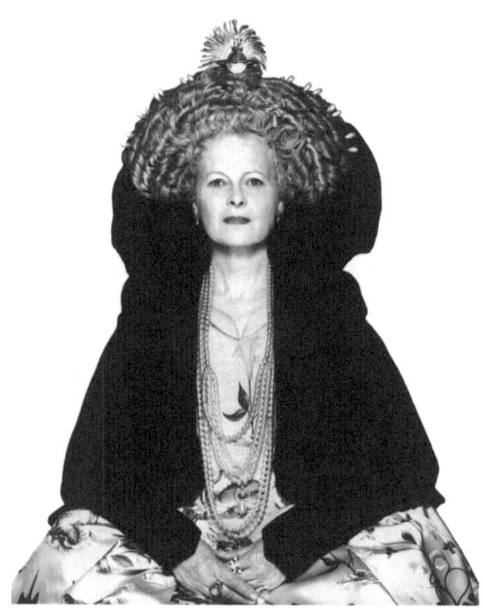

Vivienne Westwood in der elisabethanischen Robe aus ihrer Herbst/Winter-Kollektion 1997 «Five Centuries Ago». Foto: Gianpaolo Barbieri.

wie Queen Elizabeth I. in einer großartigen Robe und schwarzer Samtjacke mit kronenartig gewundenem Lockenkranz, oder sie sitzt in einer schillernden Taftrobe mit Zigeunerbluse und ausladendem Schleppenrock neben ihrem als nackter Faun hockenden, Jahrzehnte jüngeren Ehemann Andreas Kronthaler. Die Urmutter des Punk würde man allerdings bei keinem dieser Bilder vermuten, genausowenig wie bei typischen Westwood-Modenschauen, die mit ihren rauschenden Roben die stete Auseinandersetzung der Designerin mit historischen Kostümen belegen.

Doch ob Punk oder Historie: Es gibt einen roten Faden, der Westwoods Entwürfe der vergangenen 34 Jahren durchzieht. Bei allem Wandel der Moden hat sich ihre grundsätzliche Auffassung von Kleidung offensichtlich nie wirklich geändert. Vivienne Westwood betrachtet Mode nicht als angenehmes Beiwerk, sondern eher als ein Mittel der Aufklärung. Viele Jahre lang galt diese Aufklärung gesellschaftlichen Zuständen und politischen Zusammenhängen: «Ich versuche, Mode mit den wirklich wichtigen Dingen im Leben zu verbinden, wie Politik oder den jungen Leuten auf der Straße. Kleidung ist für die meisten der einzige Weg, sich auszudrücken. Mode ist ein Gefühl, und die Menschen wollen das tragen, was sie fühlen wollen», sagte sie etwa 1982.[1] Heute interessiert sie die jugendliche Rebellion weniger, dafür reflektiert sie historische Epochen, den Begriff der Eleganz und vor allem den menschlichen Körper an sich. Westwoods Mode soll etwas verändern, und so tauchen Kriterien wie Tragbarkeit, Bequemlichkeit oder Einfachheit auch in den Kritiken über sie nicht auf. «Man hat ein viel besseres Leben, wenn man beeindruckende Kleidung trägt», lautet ihr Credo,[2] und dieser Willen, ein Statement abzugeben, eine Spur zu hinterlassen, scheint alles andere zu dominieren. «Ein Westwood-Kleid, meist drapiert an einer Schneiderpuppe, nicht nur auf dem Papier entworfen, macht sich die Trägerin untertan, nicht umgekehrt», schrieb die Zeitung *Die Welt* anläßlich einer gewaltigen Vivienne-Westwood-Retrospektive im Londoner Victoria & Albert-Museum im Frühjahr 2004.[3] Und die Avantgarde-Zeitschrift *i-D*, die Westwoods Weg über Jahrzehnte aufmerksam begleitet hat, kommentierte: «Westwood zu tragen hatte eigentlich nie nur etwas mit Kleidung zu tun, es ging darum, eine Ideologie anzunehmen.»[4] Dennoch: Die Westwood selbst sieht sich durchaus in der Tradition Coco Chanels, die sie sehr bewundert. Die Britin bezeichnet sich als «antibürgerlich» oder auch «unorthodox». Und dies verbinde sie mit der ebenfalls «unorthodoxen» Chanel, die ja zu Beginn ihrer Karriere Herrenstoffe wie Tweed verwandte oder Hosen trug.[5] Doch wenn sie überhaupt eine geistige Tochter Chanels ist, dann eine ungezogene, eine Rebellin, ein «schwarzes Schaf». Denn die Auffassung von Kleidung ist eine grundsätzlich an-

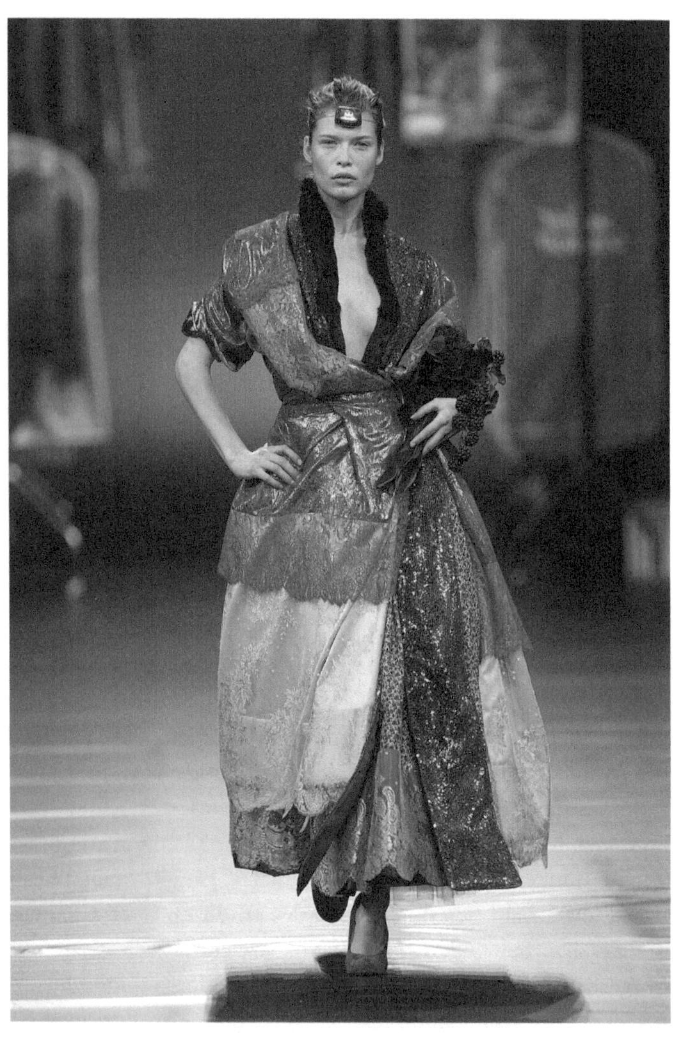

«Man hat ein viel besseres Leben, wenn man beeindruckende Kleidung trägt.» Westwood-Modell aus der Kollektion Herbst/Winter 2004/05.

dere. Während Coco Chanel Frauen einen Stil schenken wollte, um das Leben angenehmer und leichter zu machen, ja, wenig Zeit mit einer aufwendigen Garderobe verschwenden zu müssen, kreiert Westwood für ihre Kundinnen und Kunden so etwas wie Theaterkostüme, die sie in eine andere Rolle versetzen. Und dabei können sie nicht umhin, über Kleidungsfragen gründlich nachzudenken.

Vielleicht liegt dieser aufklärerische Impetus in ihren Anfängen begründet. Westwood arbeitete ein paar Jahre ihres Lebens als Grundschullehrerin, und ihre pädagogische Ader scheint sie bis heute beibehalten zu haben. Seit 1993 unterrichtet sie als Gastprofessorin an der Berliner Hochschule der Künste. Vorher lehrte sie zudem an der Wiener Akademie für Angewandte Kunst, wo sie auch ihren jetzigen Ehemann und damaligen Studenten Andreas Kronthaler kennenlernte. Sie wird als hervorragende Lehrerin beschrieben. Allerdings: Der Beginn dieser Art von «Aufklärung durch Kleidung» lag zunächst nicht in einem luziden und konstruktiven Denkprozeß, sondern in einem relativ simplen «Nein», der Ablehnung aller bestehenden Konventionen. Westwood und ihr damaliger Lebenspartner Malcolm McLaren wurden damit zum Sprachrohr einer ganzen Generation.

Geboren wurde Vivienne Isabel Swire, so ihr Mädchenname, als ältestes von drei Kindern am 8. 4. 1941 in der nordenglischen Kleinstadt Glossop in Derbyshire. Ihre Familie entstammte dem Handwerkermilieu: Die Mutter war Weberin, der Vater kam aus einer Schuhmacherfamilie. Die Swires lebten auf dem Land, in einer kleinen Bauernhaussiedlung zwischen zwei Dörfern, ein Ort, der nicht gerade Kontakte zur Mode begünstigt. Doch Vivienne interessierte sich früh für Kleidung, nähte selbst im Stil des New Look und trug selbstgemachten Schmuck. Sie erregte damit Aufsehen, und ihr Glaube an die Macht von Mode wurzelt wohl in dieser Zeit. Auch wenn ihr andere später gutes

Aussehen bescheinigen sollten, fand sie sich selbst nicht hübsch. Aber sie wußte, wie man mit Kleidern etwas aus sich machen konnte. In ihren Outfits fühlte sie sich «sensationell».[6]

Mit 16 verließ sie die Schule und belegte einen Kurs an einer Kunstschule im Norden Londons, der Harrow School of Art. Ende der 50er Jahre war die Familie nach Harrow gezogen. Später arbeitete sie bei einem Schmuckhändler und in einer Fabrik, um die Ausbildung zur Grundschullehrerin zu finanzieren. 1962 heiratete sie den Steward Derek Westwood. Die beiden hatten sich ein Jahr zuvor in einem Tanzlokal kennengelernt, und er war – wie sie sich später erinnerte – «so ein guter Tänzer.»[7] Als ihr Sohn Benjamin 1963 zur Welt kam, hörte sie nach zwei Jahren Tätigkeit auf zu unterrichten. Doch fühlte sie sich nicht ausgefüllt. Vivienne verließ ihren Mann 1965 und arbeitete nun als Grundschullehrerin an verschiedenen Schulen im Süden Londons. Inzwischen hatte sie auch den fünf Jahre jüngeren Malcolm McLaren kennengelernt. McLaren sollte ihr Leben entscheidend verändern. Etwa 13 Jahre dauerte ihre Verbindung, und selbst als sie sich auseinandergelebt hatten, arbeiteten die beiden Anfang der 80er Jahre noch eine Weile zusammen. Allerdings gab lange Zeit McLaren den Ton an. Er brachte die Ideen, und Vivienne setzte diese modisch um.[8]

Malcolm McLaren kam aus London, er studierte Kunst, war schräg und intellektuell. Er beschäftigte sich mit Dadaismus und Theorien der Subversion. Von diesem Geist der Rebellion fühlte sich Westwood angezogen. Sie ließ sich von dem einen modernen Dandy gleichenden Freund überreden, ihren Job aufzugeben. Gemeinsam machten sie 1971 in der Ecke eines Ladens an der King's Road 430 ein kleines Extrageschäft auf, das sie «Let it Rock» nannten. Später belegten sie dann die gesamte Ladenfläche. Das Geschäft wechselte im Lauf der Jahre mehrfach den Namen und das Konzept, in der Londoner Szene genoß es sehr schnell Kultstatus. Zunächst propagierte das Paar den

Look der an die 50er Jahre anknüpfenden Jugendbewegung der «Teddy-Boys», verkaufte ungebrauchte Kleidung von damals, Radios und Magazine. Westwood begann gleichzeitig, Originalmodelle in ihre Einzelteile zu zerlegen, um sie dann zu kopieren. Ihre später als genial gepriesene Schnittechnik fand hier – auf autodidaktische Art – ihren Anfang. Westwood beschäftigte sich ihr gesamtes «Designerleben» lang mit Schnitten aus verschiedenen Epochen, nahm diese auseinander und setzte sie neu zusammen. Im Grunde verstofflicht sie Ideen der Postmoderne. Allerdings besaß sie damals wohl nicht das intellektuelle Rüstzeug, um zu ahnen, auf welch originelle Ideen sie dieses Auseinandernehmen und Wieder-Zusammensetzen bringen sollte.

Wie einige trendbewußte Jugendliche Anfang der 70er Jahre fühlten sich Westwood und McLaren zu den jugendlichen Rebellen der Nachkriegszeit hingezogen, allen voran James Dean. Eine Art Feindbild stellte hingegen die Hippie-Bewegung dar, die nach Meinung der beiden längst vom Establishment vereinnahmt worden war. Das Geschäft war ausgesprochen erfolgreich, doch erschöpfte sich bald das Interesse des Paares an den Teddy-Boys. Der Laden wurde 1972 umgetauft in «Too Fast to Live, Too Young to Die», bezugnehmend auf James Dean. Verkauft wurden nun Secondhand-Jeans, knallbunte Anzüge und Outfits aus Leder. Westwood war inzwischen selbst zu einer Art lebendem Mannequin des Geschäfts geworden. Ihre gebleichten kurzen Haare sollen David Bowies Look beeinflußt haben, und ihre (selbstgefertigten) Mohairpullover, zu Strumpfhosen getragen, wurden zu einem Schlüsselelement der 70er-Jahre-Mode. «1969 begegnete ich Vivienne Westwood zum ersten Mal – ein unvergeßlicher Anblick. Sie trug enge Samthosen mit Leopardendruck und schwarze Stiefeletten mit Pfennigabsätzen und spitzen Kappen und hatte eine blonde Punkfrisur. Ihr Stil brachte mich völlig durcheinander,»[9] erzählte später der Modejournalist Gene Krell. Auch als das Geschäft 1974 in

«Sex» umgetauft wurde und eine «härtere» Gangart einlegte, blieb Westwood das Aushängeschild. Nun wurde Fetischmode aus Latex und Leder verkauft – «Gummiklamotten fürs Büro», wie McLaren sagte[10] –, und es entstanden T-Shirts mit pornographischen Drucken. 1975 wurden Westwood und McLaren deswegen strafrechtlich verfolgt. Einige Aufschriften wie «Paedophilia» wirken heute immer noch pervers und zudem dümmlich, doch das Paar wollte um jeden Preis schockieren. Allerdings: Das Geschäft an sich nahm als «Concept Store» vieles vorweg, was die Modewelt später adaptierte. Der Rockstar Adam Ant nannte es «einen der besten Läden aller Zeiten».[11] «Mein Job ist es, dem Establishment entgegenzutreten und zu versuchen herauszufinden, wo Freiheit liegt und wie weit man gehen kann: die naheliegendste Art, dies zu tun, lag in den Pornoshirts», erklärte Westwood.[12] Sie selbst spazierte im Ledermini, mit durchlöcherten T-Shirts oder in Gummi-Negligés durch London, behängt mit Ketten und Vorhängeschlössern, und brachte auf diese Weise den Verkehr zum Erliegen.[13] Denn so etwas hatte man bisher noch nicht gesehen. Nun war es beiden wirklich geglückt, der Gesellschaft ihre Beschränktheit vorzuführen.

Ob Westwood und McLaren wirklich den Punk erfunden haben, ist umstritten. Die beiden hatten 1973 New York besucht, wo einige Gruppen der Musikszene in wilden Outfits, mit anarchischen Sprüchen und rasierten Schädeln auftraten. Auch ein Magazin mit Namen *PUNK* (das Wort bedeutet «Unsinn», aber auch «armselig, schäbig») erschien dort. McLaren managte für kurze Zeit in New York die zu dieser Szene gehörende Rockband New York Dolls, und Vivienne verpaßte ihnen die Kostüme. Dazu benutzte sie Elemente der Fetischmode, die sie schon für «Sex» entworfen hatte – Reißverschlüsse, die alle möglichen Körperstellen freilegten, Ketten, Leder und Gummi. Und diese Elemente wurden auch zum Bestandteil ihrer Punkmode, die sie fortan in dem 1977 in «Seditionaries» umgetauften Laden verkauften. Währenddessen war auf den Londoner Straßen eine neue Jugendbewegung entstanden, die in den bestehenden Strukturen keine Zukunft sah und den Hang zu Provokation und Rebellion der New Yorker Szene reflektierte. Die Grundidee dabei war ziemlich simpel, was wohl ein Grund für ihre schnelle Verbreitung und Adaptation war: Alles, was die Gesellschaft für «gut» und «schön» befand, wurde verachtet, während alles offiziell «Geächtete» aufgewertet wurde. McLaren und Westwood verschafften dieser Bewegung durch ihre Mode eine Art Vokabular. Löcher in den Kleidern schick zu finden, Leder, Anarchieshirts und Hundehalsbänder zu tragen: diese Ideen kamen von den «Seditionaries»-Machern. Den Autoritäten sollte eine Art Zerrspiegel vorgehalten werden – eine Idee, die McLaren und Westwood von Beginn an verfolgt hatten. Und auch die Urband des Punk, die Sex Pistols, soll im Laden von Westwood und McLaren, einem Treffpunkt der neuen Punker, entstanden sein. Johnny Rotten, der Sänger mit den grünen Haaren und der Sicherheitsnadel im Ohr, bestritt später allerdings die Behauptung, Malcolm habe die Band «kreiert».[14] McLaren war in jedem Fall der Ideengeber der Gruppe, die mit ihren von Westwood gestalteten wilden Outfits und ihrem rotzfrechen Benehmen (Spucke und Schleim spielten in ihren Konzerten tatsächlich eine wichtige Rolle) bald die ganze Nation schockierten und begeistert von Tausenden von Jugendlichen imitiert wurden.

Im Grunde agierten Westwood und McLaren ähnlich wie Andy Warhol in New York mit seiner Factory. Sie schufen mit Mode und Musik Idole, doch ähnlich wie bei einigen von Warhols «Superstars» entglitt das Ganze irgendwann. Die Gruppe arbeitete zum Teil höchst dilettantisch, löste sich schon nach zwei Jahren auf, und Bandmitglied Sid Vicious starb im Alter von 21 Jahren an einer Überdosis Heroin. Gleichzeitig wurde die Punkmode wie alle vermeintlichen Avantgardebewegungen vom Mainstream aufgesogen. Es gab den Edelpunk, und vieles aus dem «Arsenal des Schreckens» wurde übernommen und abgemildert. Westwood nahm allmählich von ihrem Glauben Abschied, eine revolutionäre Jugendbewegung könne die Welt verändern. Der Kollaps der Band vernichtete endgültig ihre Sehnsucht nach Punk.[15]

Doch diese «verlorenen Illusionen» halfen ihr letztlich, modisch enorm voranzukommen und eine eigene Handschrift ohne McLaren zu entwickeln. Zunächst arbeiteten beide noch zusammen, wobei er nach wie vor viele Ideen beisteuerte. Doch mehr und mehr wurde ihr kreatives Potential deutlich. Das Paar beschäftigte sich nun mit den Rebellen vergangener Zeiten und präsentierte 1981 mit der «Pirates»-Kollektion, die den «Romantikern auf hoher See» huldigte, ihre erste echte Modenschau. Vivienne begann, sich – anders als McLaren, der sich auf Reisen und von den Looks auf der Straße inspirieren ließ – ernsthaft für Kostümgeschichte zu interessieren. Sie stieß auf einen Hemdenschnitt, der 500 Jahre zuvor verwandt worden war, und benutzte ihn. Sie versuchte herauszufinden, auf welche Weise man früher die Weite in die bauschigen Hosen und Oberteile gebracht hatte. Im Grunde verfeinerte sie das, was sie schon mit den von ihr auseinandergenommenen Ted-Anzügen praktiziert hatte. Sie versuchte, Schnitte wie auch frühere Schönheitsbegriffe zu verstehen. Und die Genauigkeit, mit der sie dabei arbeitete, kennzeichnet seitdem all ihre Kollektionen. Der Erfolg der «Piraten» war gewaltig. Man schwärmte von den bunten und phantasievollen Entwürfen, den Wickeloberteilen und lässigen, tiefrot und grün gestreiften Korsarenhosen, den weichen Lederjacken mit Goldborte und überhaupt von dem goldigen Schimmer, der die Entwürfe überzog. Und auch Westwood selbst hatte ihren Look geändert: Sie trug nun hennarote Hängelöckchen und umwickelte ihre Zähne mit Glanzpapier.

Passend dazu hatte das Paar seinen Laden in «World's End» umbenannt und ihn wie eine Galeone des 18. Jahrhunderts dekoriert. Die neue Richtung, die Westwood und McLaren eingeschlagen hatten, setzte weiter Trends und brachte die New-Romantic-Bewegung mit ins Rollen. Die dritte Kollektion des Paares, «Nostalgia of Mud», schrieb ebenfalls Modegeschichte. Hier ging es um einen neuen Ethno-Look und die Traditionen primitiver Stämme. Mit den Schlammfarben der Entwürfe verwiesen sie auf eine bisher für düster und geheimnisvoll gehaltene Welt, die nun ästhetisch aufgewertet wurde. Die Präsentation dieser auch «Buffalo» genannten Kollektion fand erstmals in Paris statt, im Teesalon «Angelina's». Westwood besaß fortan einen festen Platz im Pariser Schauenkalender, wo sie (mit ein paar «Sidesteps» in vergangenen Saisons) heute noch zeigt. Schafwolljacken, Lagenröcke und asymmetrische Schnitte scheinen, von heute aus gesehen, die «Grunge»-Mode der 90er Jahre vorauszunehmen. Doch für das größte Aufsehen sorgte die Tatsache, daß Büstenhalter über den Oberteilen getragen wurden. Diese Idee wurde später von zahlreichen Modemachern übernommen. Jean Paul Gaultier verwandte sie, als er die Kostüme für Madonnas *Blond-Ambition*-Tour kreierte, und sorgte damit für Furore.

Statt den Laden «World's End» erneut umzudekorieren, eröffneten McLaren und Westwood einen zweiten Laden, «Nostalgia of Mud», in London. Westwood weigerte sich, wie sich McLaren später erinnerte, das erste Geschäft zuzumachen. Dies zeigte, wie weit sie sich von ihm emanzipiert hatte. Denn vorher war sie seinen Launen immer gefolgt. Mitte der 80er hatte sie sich endgültig von ihm gelöst, wohl auch überdrüssig des «chaotische[n] Leben[s] mit McLaren, mit dem sie einen Sohn hat».[16] Heute führt dieser Sohn – Joseph Ferdinand Corré (Westwoods zweites Kind) – die Tradition der Eltern, aufsehenerregende Geschäfte zu betreiben, fort. Er verkauft in seinem Laden «Agent Provocateur» modische, hocherotische Wäsche.

1984 gelang Vivienne Westwood, die mit dem Italiener Carlo d'Amario einen neuen Geschäftspartner gefunden hatte, einer ihrer größten Coups: die «Mini-Crini»-Kollektion (Frühjahr/Sommer 1985). Sie stellt eine Art Wendepunkt in ihrer Karriere dar und bezeichnet zusammen mit der 1987 präsentierten Schau «Harris Tweed» (Herbst/Winter 1987/88) bis heute wichtige Eckpunkte von Westwoods Schaffen. Die Designerin wollte nun eine paßgenaue Mode machen, die den Körper hervorhob. Und bei der «Mini-Crini» führte sie dazu die Krinoline wieder ein. Diese Unterfütterung, die sowohl aus Roßhaargewebe als auch als Reifrock aus Stahlreifen oder Walfischknochen hergestellt wurde, ließ im 19. Jahrhundert den Überrock steif abstehen. Die Frauen trugen dabei manchmal ein fast schon grotesk ausladendes Gestell um den Körper. Westwood benutzte die Krinoline sowohl unter- als auch oberhalb der Kleidung – und schuf so hübsche Minikleidchen mit abstehenden Röcken und witzigen Mustern. Die Krinoline wurde also ironisiert, und Westwood war der Ansicht, daß ihre Neuinterpretation die Trägerin nicht einschränke. Im Gegenteil, sie sollte einer Frau das Gefühl und die Haltung einer Ballettänzerin vermitteln. Auch bei der «Harris-Tweed»-Kollektion tauchten solche Krinolinen auf. Hier hatte sich Westwood vom Look kleiner Mädchen im Prinzeßmantel oder im Faltenrock mit Tweedjacke inspirieren lassen. Heraus kam eine Hommage an die britische Schneiderkunst und eine von Vivienne Westwoods gelungensten Kollektionen. Doch neben der Krinoline führte sie ein weiteres seltsames Element aus der Kostümgeschichte wieder ein: das Korsett. Dennoch schrieb sie auch hiermit Modegeschichte, denn seither gilt dieses eigentlich als Relikt vergangener Zeiten angesehene Stück wieder als salonfähig.

Von diesen beiden Kollektionen kann man eine Linie zu den derzeitigen Entwürfen der britischen Modemacherin ziehen. Wobei man hinzufügen muß, daß sie und ihr Mann Andreas Kronthaler (der seit vielen Jahren die Kollektionen mitentwirft) inzwischen eine reduziertere Richtung eingeschlagen haben. Dennoch kristallisieren sich seit damals drei Grundmotive heraus: erstens die Adaptation von Elementen der Modehistorie, zweitens die Übernahme von Schnittechniken der englischen Herrenmode und drittens die starke Betonung sexueller Attribute.

Die zuerst genannte Aufnahme der Kostümgeschichte zeigt sich dabei in vielfältigen Ausprägungen. War es bei «Mini-Crini» das viktorianische Zeitalter, so kamen später häufig Kollektionen, die den Rokokostil thematisierten. Westwood hat sich immer wieder mit den Malern François Boucher und Antoine Watteau beschäftigt.[17] Sie hegt eine Vorliebe für die Kokketterie Frankreichs, und einige Kollektionen wie «Voyage to Cythera» (Herbst/Winter 1989/90), «Vive la Cocotte» (Herbst/Winter 1995/96), «Vive la Bagatelle» (Frühjahr/Sommer 1997) oder «Ultra Feminity» (Frühjahr/Sommer 2005) nehmen Bouchers Frivolität oder Watteaus Galanterie auf. Manchmal ist bei diesen Kleidern zunächst kein Unterschied mehr zu den Gewändern der alten Gemälde zu erkennen, so exakt imitieren sie Faltenwurf und Drapierung. Trotz der Jahrhunderte, die uns heute von der damaligen Modeauffassung trennen, hat Westwood es verstanden, alte, von ihr uminterpretierte Gewänder in neue Kultstücke zu verwandeln. Den Anstoß zu diesen Themen hat Westwood durch die schon Mitte der 70er Jahre gemachte Bekanntschaft mit dem Maler und Schriftsteller Gary Ness erhalten. Er führte sie in die Welt der italienischen Spätrenaissance und des französischen Barock ein, brachte ihr die Musik von Chopin und Ravel nahe und machte sie zudem mit den Büchern von Bertrand Russell vertraut. Ihre heutige Hochachtung von

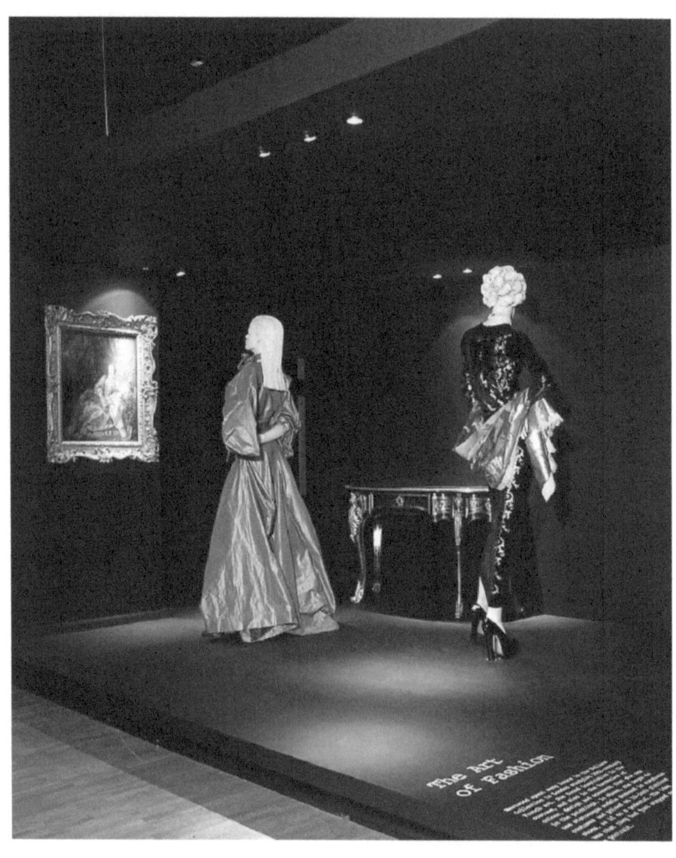

Im Frühjahr 2004 widmete das Londoner Victoria & Albert-Museum Vivienne Westwood eine beeindruckende Retrospektive und unterstrich damit ihre Bedeutung für die jüngere Modegeschichte.

Begriffen wie Kultiviertheit und Eleganz, ihr Wertsystem, das man liberalkonservativ nennen könnte, scheint sich auf den von ihm vermittelten Bildungskanon zu stützen.

Sie interessiert sich in ihrer Anverwandlung nicht nur für die auf Gemälden abgebildeten Gewänder. Ebenso läßt sie sich von Landschaften, Farben oder auch Ornamenten inspirieren. Ein berühmtes Beispiel ist die für ihre Kollektion «Portrait» (Herbst/Winter 1990/91) verwandte Intarsienarbeit eines Spiegelrückens aus dem 18. Jahrhundert, die sie als Goldmuster auf ein Samtkleid drucken ließ. Auch dies ist typisch: Mal scheint sie Dinge fast vorbildgetreu zu übernehmen, mal pflückt sie sie auseinander und setzt sie in neue Kontexte. Kostüme oder Anzüge etwa werden diesem Prinzip getreu häufig aus verschiedenen Stofflagen zusammengeschneidert. Westwood betrachtet Mode als Mathematik.[18] Vielleicht ist ihr Lebenswerk in bezug auf die Mode mit dem zu vergleichen, was der Semiotiker Umberto Eco mit seinen Büchern in der Literatur geleistet hat. Beide beherrschen die Kunst, virtuos die Denkmodelle und Themen verschiedener Epochen miteinander zu verbinden, sich in der Geschichte wie in einer Art «Baukastensystem» zu bedienen.

Weiterhin kann man schon an der «Harris Tweed»-Kollektion mit den aus Männerstoffen gefertigten, phantastisch sitzenden Damenjacken ihre Beschäftigung mit der Tradition der Herrenmode ablesen. Von Beginn an hat Westwood auch Männer in ihren Entwürfen über die Laufstege geschickt. Seit 1996 gibt es sogar eine eigenständige Herrenkollektion. Doch ihr Ehrgeiz ist es, die unglaubliche Perfektion und Raffinesse der englischen Schneiderkunst, die ausgesprochen elaborierte Herrenjacken und -anzüge hervorgebracht hat, auch in der Damenmode anzuwenden.[19] In diesem Punkt gleicht sie tatsächlich der von ihr verehrten Coco Chanel.

Doch das dritte Motiv, das aus den beiden obengenannten Erfolgskollektionen Westwoods deutlich wird, begründet den tiefen Gegensatz, der zur Modeauffassung Chanels besteht. Die Mode Vivienne Westwoods geht, wie Gertrud Lehnert schreibt, «von einem hochsexualisierten Klischee des weiblichen Körpers aus, und man kann als Betrachterin nie sicher sein, ob sie dieses Klischee ernst nimmt oder es ironisiert».[20] Hatte Chanel modische Frauen von ihrer Funktion als Dekorations- oder Sexualobjekt befreit, indem sie das Korsett abschaffte, so hat Westwood jenes wieder in die Mode zurückgebracht. Westwood will allerdings dabei die Frau eher zum sexuell agierenden Subjekt machen, nicht zum Objekt. So überzeichnet sie bewußt, läßt ihre Entwürfe immer etwas schräg wirken und ironisiert sie damit. Doch bringt sie dabei ein Inventar mit, das Frauen traditionell eingeengt hat und ihre Aktivitäten deutlich erschwerte. Der in der Einleitung dieses Buches vorgestellte Korsettmacher Mr. Pearl ist übrigens einer ihrer «Gehilfen», er hat häufig für Vivienne Westwood gearbeitet.

Der Grundgedanke Westwoods ist, daß Frauen sich der erotischen Zonen ihres Körpers bewußt werden sollen: «Ich habe niemals geglaubt, daß ein männliches Aussehen Kraft verleiht. Weiblichkeit ist stärker, und ich verstehe nicht, warum die Leute immer noch diesen langweiligen asexuellen Körper hochjubeln», sagte sie 1986.[21] Sie erhob etwa in dieser Zeit die schöne, einem Pin-up-Girl der 50er Jahre gleichende Sarah Stockbridge zu ihrem Topmodel und ihrer Muse, eine Art Inkarnation ihrer Sicht des weiblichen Körpers. In ihren Entwürfen kehrt häufig eine Art Stundenglas-Silhouette wieder. Westwood versucht das Bewußtsein für weibliche Anziehungskraft zu schärfen, indem sie den Busen mittels des Korsetts hochschiebt, die Hüfte durch die Krinoline oder durch Falten erzeugte bauschige Weite betont oder den Po mit einer (ebenfalls der Kostümgeschichte entlehnten) Tournüre («Cul de Paris») hervorhebt. Die Beine verlängert sie mit extrem hochhackigen Schuhen. Westwoods Plateau-Pumps kamen in der 1993 präsentierten Kollektion «Anglomania» sogar mit derart schwindelerregenden Absätzen daher, daß Naomi Campbell auf dem Laufsteg hinfiel. Die Photos des strauchelnden Topmodels in ihrer hübschen Samtjacke und dem Karorock gingen um die Welt und verschafften der Designerin wie auch dem Model zusätzliche Popularität.

Kommt man nicht ins Stolpern, bewirken die Schuhe, daß die bereits erwähnte Haltung einer Ballerina auf Spitzen erzeugt wird. Diese Bewußtmachung des Körpers soll Frauen stark und selbstbewußt machen. Westwood-Fans bestätigen übrigens diesen Effekt der Entwürfe und fühlen sich tatsächlich durch diese Kleidung deutlich attraktiver. Doch der Preis hierfür ist, daß die Westwood-Kundin Mode nicht als Nebensache betrachten kann. Sie muß sie bewußt wählen und mit Bedacht tragen. Dies mag einen Rückschritt ins 19. oder gar 18. bzw. 17. Jahrhundert bedeuten. Westwood fühlt sich zu den berühmten Maitressen, Kokotten oder Kurtisanen jener Epochen hingezogen. Hierzu paßt auch, daß viele ihrer Entwürfe mit erotischen Männerphantasien spielen. Das Zimmermädchen mit weißem «Cul de Paris»-Minischürzchen zu hochhackigen Stiefeln taucht ebenso auf wie die «Venus im Pelz». Und dies derart überzogen, daß die Zeitungen nach der Schau von Westwoods Kollektion «On Liberty» 1994 empört feststellten, die elegante Italienerin Carla Bruni (im Pelztanga und ansonsten nackt unter ihrem Fellmantel) sähe aus wie eine «billige Torte».[22] Die geschichtsverliebte Westwood würde allerdings den Einwand einer Rückwärtsgewandtheit mit Sicherheit nicht als einen Minuspunkt werten. Und auch wenn sie aus der Reihe der Töchter Chanels gleichsam ausbricht, so macht sie sich doch mutig und konsequent selbst zum Vorbild ihrer Kundin und demonstriert, wie man ihre komplexe Mode trägt. Ob als Punkerin, als welke Venus im Stil von Bouchers *Ruhendem Mädchen* oder als Provokateurin ohne Schlüpfer unterm vage schottisch anmutenden Outfit (1992 bei der Verleihung des Ordens des Britischen Königreichs) – Westwood ist sich auch für groteske Posen nicht zu schade. Und betont mit Mitte 60 noch ihre Rundungen, was manchmal durch die so erreichte übertriebene Sanduhr-Silhouette etwas altmodisch wirkt. Das Leben jeder Frau, scheinen ihre Bilder zu rufen, kann ein amüsantes Kostümfest sein. Und hierin gleicht sie viel mehr Elsa Schiaparelli als Coco Chanel, auch wenn ihr deren spielerische Leichtigkeit fehlt. Wie Schiaparelli hat Westwood der Sprache der Mode viele neue Zeichen hinzugefügt. Und wie die großartige Schiaparelli wurde sie dutzendfach kopiert, ohne daß dies vielleicht heute dem modischen Gedächtnis immer präsent ist.[23] Doch Vivienne Westwoods größte Leistung mag sein, daß sie mit ihrer eigenen Person demonstriert, wie auch eine aufwendig kostümierte Frau beruflich höchst erfolgreich sein kann.

2. Konstruierte Körper: Rei Kawakubo

Mit einem Kleid von Rei Kawakubo kann es einer Frau gehen wie mit den Gewändern der Madeleine Vionnet. Im Geschäft zieht sie es mit Hilfe der Verkäuferin an, sie fühlt sich phantastisch. Dann kommt sie nach Hause und sitzt schließlich verzweifelt vor einem Gebilde aus Stoff mit vier Armlöchern und verschiedenen Lagen. Sie bindet und wickelt, sie probiert und drapiert, doch irgendwie kriegt sie es nicht mehr so hin wie vorher. Bis ihr eine Bemerkung der Verkäuferin wieder einfällt, die etwa «Experimentieren erlaubt» lauten könnte.

Ähnlich wie die Kleider Madeleine Vionnets sind die Entwürfe der japanischen Modemarke Comme des Garçons ungemein kunstvoll und komplex. Doch ein «richtig» oder «falsch» gibt es hier – anders als bei den präzise zu wickelnden Vionnet-Teilen – nicht. Die Comme-des-Garçons-Designerin Rei Kawakubo kreiert ihre Kleidung häufig so, daß sie in eine Art Interaktion mit der Trägerin treten. Und auch wenn Vionnets und Kawakubos Werk in einiger Hinsicht vergleichbar ist, gibt es einen so augenfälligen wie gewaltigen Unterschied: Vionnet bemühte sich, das klassische Schönheitsideal der abendländischen Antike aus Stoff neu zu erschaffen. Die Comme-des-Garçons-

Entwürfe hingegen stellen dieses Ideal in Frage. Statt wie die Antike – und in ihrer Imitation auch Designerinnen wie Vionnet oder die sportbegeisterte Chanel – einen athletisch gebauten Körper zu feiern, scheinen sie diesen auf den ersten Blick regelrecht zu dekonstruieren. Selbst die knappen, elastischen Tänzerkostüme, die Kawakubo 1997 für das Ballett *Scénario* von Merce Cunningham schuf,[24] durchkreuzen jede Assoziation mit einer klassischen Ästhetik. Sie tragen Buckel und seltsame Ausbuchtungen. Ein Wulst steht schräg vom Bauch ab, ein anderer – aus gestreiftem Stoff – sitzt über dem Po wie ein Entensteiß. Der Körper verschmilzt mit ihnen zu einer eigenartigen neuen Form. Und bei längerer Betrachtung sieht man: Hier wird nicht dekonstruiert, sondern etwas Eigenständiges, Neues erschaffen.[25] Kawakubo konstruiert Körper.

Doch wer hat schon Zeit, so lang und genau hinzuschauen? Viele Besucher der inzwischen zu einem Mythos der Modewelt gewordenen ersten Schau der Modemacherin 1981 besaßen diese Geduld offenkundig nicht. Das Defilee wirkte wie die «Bombe Dior» 1947. Doch statt Begeisterung rief sie tiefe Empörung und Verstörung hervor. Und auch die Luftkriegsmetaphorik wurde wieder bemüht. Allerdings in einem fatalen Sinn. Man sprach vom «Hiroshima-Chic». Und gerade die Geschmacklosigkeit der Metapher – hier sprach schließlich die westliche Welt über eine japanische Designerin – zeigt, wie tief der Schock saß. Die Mannequins waren in eine Art Kuttenlook in Schwarz oder Grau gehüllt (daß Rei Kawakubo es tatsächlich schaffte, Schwarz in verschiedenen Nuancen zu zeigen, wurde übersehen, genau wie die Kunstfertigkeit der Stofflagen), mit Tauen als Gürtel. Alles wirkte zerfetzt, verwrungen, zerschlissen. Und auch als ein Jahr später die Fashion-Szene diesem neuen Look zunehmend Respekt zollte, erhielt die amerikanische *Vogue* noch wütende Leserbriefe, wenn sie Mode von Comme des Garçons vorstellte. Eine Leserin fragte, warum man

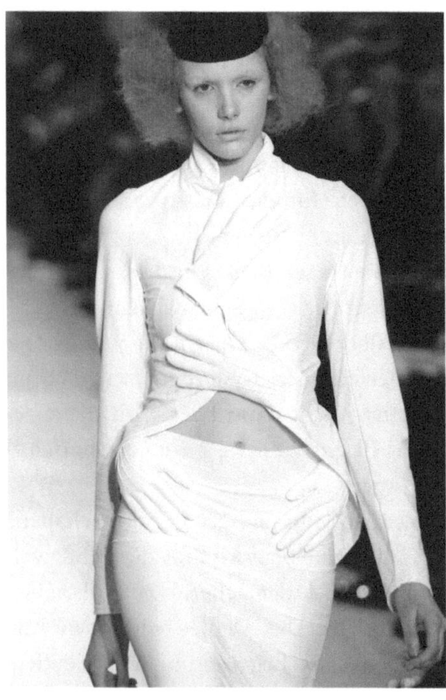

Mode auf den zweiten Blick: Auch scheinbar schlichte Kleider von Rei Kawakubo irritieren den Betrachter. Modell aus der Damenkollektion für Herbst/Winter 2007/08. Foto: Martin Veit.

denn 230 Dollar für ein zerrissenes Grabtuch («a torn shroud») ausgeben solle.[26] Wie Vivienne Westwood kreierte auch Rei Kawakubo Löcherpullover. Berühmt wurde ein schwarzes Modell von 1982. Doch mehr noch als Westwood wirbelte sie die Modewelt durcheinander. Diese dunklen Stellen waren offenkundig ernster zu nehmen als Punk. In der Tat rüttelten die Entwürfe Kawakubos in einem vorher nicht dagewesenen Maße an den Grundfesten westlicher Kultur. Das Prinzip des Punk war einfach die Negierung bestimmter Werte gewesen. Kawakubo geht weiter: Sie setzt radikal neue andere Werte. Und die sind nicht so einfach mit dem Kopfschütteln, das nachsichtige Altersweisheit «wilden» Jugendbewegungen entgegenzubringen pflegt, abzutun. Und so ist es Kawakubo gelungen, einen enormen Einfluß auf die Mode der vergangenen 20 Jahre zu nehmen. Anders als bei Westwood drückt sich dieser Einfluß nicht in schlichten Kopien ihrer Entwürfe aus (dazu sind diese zu kompliziert), sondern in dem gesamten Bild einer Marke und eines bestimmten Kleidungsstils, das zeitgenössische Designer ihren Kunden vermitteln.

Mode hat in Kawakubos Welt nichts mit den westlich geprägten Vorstellungen von Erotik und Sexualität zu tun. Darauf deutet schon der von ihr bei ihrer Firmengründung 1973 gewählte Name «Comme des Garçons»[27] – «Wie die Jungs» – hin. Eben nicht «Jungsmode», sondern ein Kleidungsstil «wie die Jungs» – nicht wirklich definierbar, möglicherweise zwischen Männer- und Frauenmode. Und allein das ist ungewöhnlich.

Etwa seit dem 14. Jahrhundert ist einer der primären Zwecke von Kleidung in der abendländischen Kultur, die Geschlechter als solche zu kennzeichnen und zu trennen.[28] Und auch wenn dieses Prinzip im Laufe des 20. Jahrhunderts vor allem durch die Erfindung der Jeanshose und den Siegeszug von Sportswear aufgeweicht wurde, betont Mode auch heute noch häufig stark weibliche und männliche Aspekte. Bei Kawakubo hingegen kommt es hierauf überhaupt nicht an, und dies mag auf den westlich geprägten Zuschauer durchaus «skandalös» wirken. Ihre Mode widerspricht all dem, was man über Eleganz und Schick denkt. Zwar entwirft Rei Kawakubo neben der Damenlinie auch eine eigene Herrenlinie, doch hebt ihre Kleidung nie auf sexuelle Aspekte ab. Frauen, so meint sie, sollten sich «selbst genügen». Und so glaubt sie von ihren Kleidern, sie «funktionieren für moderne Frauen. Frauen, die sich ihres Glücks nicht dadurch versichern müssen, daß sie für Männer sexy wirken, indem sie ihre Figur betonen, sondern die Männer mit ihrem Verstand anziehen».[29] Kleid und Körper verschmelzen bei der Mode von Comme des Garçons zu einem neuen Ganzen. Dies hat jedoch – selbst wenn die Silhouette körperfern auftritt – nichts mit Körperfeindlichkeit zu tun. Im Gegenteil, wie Westwood will Rei Kawakubo mit ihren Entwürfen eine neue Körpererfahrung ermöglichen, doch sind geschlechtsspezifische Aspekte dabei unwichtig.

Der Traum von einem anonymen «Sich-selbst-Genügen», meint Valerie Steele, sei Kawakubos Ideal seit ihrer Kindheit. Hierzu paßt auch, daß man über die Designerin wenig weiß. Kawakubo steht nicht gerne im Rampenlicht, sie gibt selten Interviews.[30] Ihre Entwürfe, meint sie, bedürften keines Kommentars. Und auch hier spricht der Name wieder Bände: Comme des Garçons – der Ausdruck verbirgt die Designerin. Anders als bei den meisten Marken wirkt diese so weit wie möglich im verborgenen. Allerdings: Gerade dieses gewollte Verbergen hat zur fast religiösen Verehrung der Modemacherin eher beigetragen. Dennoch eignet sie sich überhaupt nicht als Stilvorbild. Sie stellt das Gegenteil Coco Chanels dar und wird daher hier auch – ähnlich wie Westwood – nicht als geistige Tochter Chanels gesehen. Kawakubos Entwürfe richten sich eher an einen kleinen Kundenkreis und eignen sich nicht zur Massenvermarktung.[31] Die Comme-des-Garçons-Kundin ist schwer zu beschreiben. Sie hat einen eher intellektuellen Zugang zu Kleidung, tritt weder trendbewußt noch modisch auf, vielleicht noch nicht einmal sehr stilvoll. Sie kann sich nicht an der Modeschöpferin orientieren, dafür gleichen deren Entwürfe zu sehr Kunstwerken. Zudem kursieren nur wenig Bilder von Rei Kawakubo in der Öffentlichkeit, und diese wirken nicht besonders «anziehend» (seit kurzem dürfen sogar keine Fotos mehr von ihr publiziert werden). Auch ihr Lebenslauf ist allgemein kaum bekannt.

Doch entgegen ihrer eigenen Auffassung ist der Hintergrund Rei Kawakubos für ein besseres Verständnis ihrer Mode durchaus von Bedeutung. Geboren wurde sie 1942 als Tochter eines Universitätsprofessors in Tokyo. Sie selbst studierte Kunst und arbeitete nach dem Abschluß 1964 zunächst in der PR-Abteilung eines Herstellers von Chemiefasern. Nach drei Jahren begann sie – wohl von anderen dazu überredet –,[32] als freie Stylistin zu arbeiten. Unzufrieden mit dem, was sie in Japan an Mode vorfand, fing sie an, selbst zu entwerfen. Offenkundig mit Erfolg: Zwei Jahre nach der Firmengründung eröffnete sie 1975 ihr erstes Geschäft in Tokyo. Im selben Jahr fand auch ihre erste Modenschau statt, sechs Jahre vor der «historischen» Pariser Präsentation.

Die Nähe zur Kunst und der Mut zur Eigenständigkeit liegen wahrscheinlich schon in diesen Anfängen begründet (in Japan war schon der Beruf der Stylistin damals absolut ungewöhnlich). Doch wahrscheinlich ist die schlichte Tatsache, daß Kawakubo Japanerin ist und einen ganz anderen Hintergrund hat als die damals etablierten Designerinnen, ein Hauptgrund dafür, daß es ihr 1981 gelang, die Grundfesten der Mode so nachhaltig zu erschüttern.[33] Harold Koda, Leiter des Kostüminstituts am New Yorker Metropolitan Museum, prägte in bezug auf Kawakubo schon vor vielen Jahren den Begriff der «Ästhetik der Armut», ein Ausdruck, der später Schule machte. Koda hat dabei auf den Einfluß des Zen-Buddhismus auf diese Ästhetik verwiesen. Hiernach wird jeglicher Art von Pracht und Glanzentfaltung ein anderes Schönheitsideal entgegengestellt. Dieses gründet auf Kargheit, Askese, Konzentration und Selbstgenügsamkeit.[34] Hier könnte man eine Linie zu Kawakubos Wertschätzung des Begriffes «self-sufficient» ziehen. Barbara Vinken hat später – von Kodas Analyse ausgehend – darauf hingewiesen, daß diese Ästhetik auch einen neuen Umgang mit Begriffen wie Vergänglichkeit und Tod beinhaltet. Diese werden in der Tat von einer Mode wie der von Comme des Garçons nicht mehr verdrängt, sondern eher beschworen.[35] Ein gutes Beispiel hierfür ist der Löcherpullover, für dessen Herstellung Kawakubo Schrauben der Strickmaschinen lockern ließ, um die Uniformität der Perfektion zu durchbrechen. Vinken berichtet weiter, daß es so eine Art der Ästhetik auch schon einmal in der westlichen Kultur gegeben habe: «In frühmodernen Zeiten des Ancien régime hat die Anti-Ästhetik des Pariser Klosters Port-Royal die Grundlagen für eine ästhetische Wertschätzung von Armut, Alter, Spuren der Abnutzung, Kälte und Dunkelheit, Verfall, kurz all des klassisch Nichtschönen, gelegt, das in Spuren Wahrheit lesen läßt.»[36] Und dabei komme die Gefallenheit und Vergänglichkeit der zum Schein bloß schönen Welt hervor. Ähnlich entlarvend scheint demnach die Mode Comme des Garçons zu wirken. Die zudem noch dadurch verärgert, daß sie – unbewußt – eine vergessene radikale Idee aus der Vorzeit der europäischen Mode aufruft. Nun ist natürlich ein Kleid nur ein Kleid und damit eigentlich ein Gebrauchsgegenstand – es sollte also in keinem Fall überinterpretiert werden. Dennoch ist offensichtlich, daß Kawakubo das Schönheitsideal des Perfekten und der klassischen Harmonie radikal in Frage stellt. Seit ihrer und durch ihre Schau damals hat sich die Ästhetik der Modewelt stark verändert. Man denke nur an den Minimalismus Helmut Langs oder auch Jil Sanders, der heute immer noch schick ist.

Kawakubo selbst kann man dabei nicht als Minimalistin bezeichnen – letztlich sind ihre Kleider wahrscheinlich für westliche Betrachter gar nicht wirklich zu verstehen. Mehr noch als ihre Entwürfe hat daher eigentlich auch ihre Art der Präsentation andere Modemacher geprägt. Schon früh arbeitete sie für Werbekampagnen mit Künstlern wie Cindy Sherman zusammen. Die Designerin belieferte Sherman mit Kleidung aus ihrer Kollektion, und jene konnte die Teile nach Belieben für die Komposition ihrer Fotos verwenden. Heute gehört es für hippe Modehäuser zum guten Ton, möglichst avantgardistisch fotografierte Kampagnen zu präsentieren. Doch Kawakubos Mut, statt einer Modefotografin eine der bedeutendsten Fotokünstlerinnen der Welt zu beauftragen und hierbei jegliche Kontrolle aus der Hand zu geben, ist bis heute einzigartig. Ihr Ideal des

Nichtperfekten führte auch dazu, daß sie häufig mit dem Fotografen Peter Lindbergh arbeitete. Der «natürliche» Look mit allen kleinen Makeln, den er für ihre Kampagnen prägte, bestimmt bis heute zahlreiche Modestrecken in Magazinen.

Auch die Läden von Comme des Garçons machten Schule. Sie sind individuell gestaltet und präsentieren vor allem eins: Leere. Die Entwürfe sind nur spärlich vertreten, die Art der Präsentation erinnert wiederum an Kunst. In ihrem Geschäft in Aoyama etwa stellt Kawakubo seit der Eröffnung 1989 Fotos, Kunsthandwerk und Gegenwartskunst aus.[37] Und diesen Mix aus Mode und Kunst, Kontemplation und Kommerz haben sich mittlerweile viele Modemarken zu eigen gemacht. Boutiquen sind seit der Ankunft von Comme des Garçons im Modeolymp zu Lifestyletempeln avanciert. Kawakubo selbst setzt dabei immer neue Standards, wie mit ihrem im September 2004 eröffneten «Dover Street Market» im noblen Londoner Bezirk Mayfair. Das Ganze gleicht einem riesigen Atelier mit teils unverputzten Wänden, japanischem «Secondhand»-Holz und Shakespeare-Zitaten an den Wänden. Künstler, Schmuckdesigner und Modemacher haben jeweils ihren eigenen, von ihnen selbst gestalteten Platz. Leute wie der Dior-Designer Hedi Slimane, ein Topstar der Herrenmode, Alber Elbaz von Lanvin oder Kawakubos einstiger Mitarbeiter Junya Watanabe stellen hier ihre Sachen aus, und natürlich findet man auch die verschiedenen von Kawakubo kreierten Linien, ihre Herren- und Damenmode, Hemden oder Sportswear. Dieser «Marktplatz» soll einem schillernden Chamäleon gleichen, als «work in progress» sich ständig verändern. Das Konzept hat Kawakubo zusammen mit ihrem Mann, dem Engländer Adrian Joffe, erarbeitet. Und auch hier gilt, wie bei so vielen Projekten, die sie realisiert: «Ich wollte nicht das tun, was schon ausgemacht ist, schon festgelegt.»[38]

Die Abneigung gegen alles Festgelegte als Grundkonstante ihres Schaffens hat dazu geführt, daß Kawakubo seit Jahrzehnten den Ruf einer Avantgardistin genießt (auch hier kann man Parallelen zu Vivienne Westwood ziehen). Nie ging sie im Mainstream auf. Sie scheint damit sogar die sonst gültigen Gesetze der Avantgarde außer Kraft zu setzen. Obwohl sie als «Ausbrecherin» all dessen, was vor ihr die europäische Mode ausmachte, gelten muß, hat sie nie aus dem reinen Willen zur Revolte heraus gehandelt. Mehr noch als bei den anderen hier besprochenen Designerinnen muß man bei Kawakubo akzeptieren, daß Kreationen die Absicht ihrer Schöpfer nie wirklich enthüllen. Meint man, Comme-des-Garçons-Mode zu kennen, sie etwa mit leicht beleibten, schwarz eingewickelten Intellektuellen assoziieren zu können, überrascht Rei Kawakubo mit ihrer nächsten Kollektion. Sie verfolgt ein «Tabula rasa»-Prinzip. Bevor sie sich an eine neue Kollektion setzt, leert sie ihren Schreibtisch. An der Wand dürfen keine Skizzen oder Fotos hängen. Und dann erschafft die Japanerin etwas ganz und gar Überraschendes, Ungewöhnliches, Neues.

Groß muß der Schock gewesen sein, als ihre Fangemeinde, ganz in Schwarz gekleidet und gemütlich in der «Comme»-Welt eingerichtet, 1994 eine Modenschau mit einem Bekenntnis zur Farbe präsentiert bekam, ja die Modemacherin selbst danach in rotem Nylon zu sehen war. Ein Jahr danach schneiderte sie Kleider mit stilisierten Blumenmustern («Flowering Clothes»), und einige Saisons später kreierte sie aus rundgeschnittenen Stofflagen eigenwillige Rüschen. Und ihre Prinzessinnen in Samtmänteln tragen Haushaltshandschuhe aus Gummi. Kawakubos Kollektion für Frühjahr/Sommer 2005 ließ ätherisch schöne Mädchen mit Tutu-Röcken aus schwarzem oder rosafarbendem Tüll, Lackballerinas an den Füßen und schneidermäßige Cape-Jacken aus verziertem Leder aufmarschieren. Die Lady ist hier Tramp und Tänzerin zugleich und gerät plötzlich zur Opernfigur. Die weiße Rokokoperücke durchkreuzt vollends alle Deutungsversuche. «Das Schöne ist nicht zwangsweise auf seiten des Hübschen», schrieb France Grand über Kawakubo.[39] Manchmal hat das Schöne bei der Mode von Comme des Garçons für westliche Augen etwas von einer Sumpfblume. Und manchmal empfinden diese die Entwürfe auch schlicht als häßlich, denn eigentlich suchen sie ja das Hübsche. Doch daß Rei Kawakubo die Mode auch heute noch nachhaltig beeinflußt und ihre Wahrnehmung verändert, bestreiten selbst die größten Kritiker des «Comme»-Looks nicht. Schritt halten kann mit ihr sowieso niemand. Und so ist diese «Ausbrecherin» aus Chanels Welt wahrscheinlich die am wenigsten kopierte Berühmtheit der Modeszene. Folgt man ihr nach, ist sie längst woanders – wie in der Fabel von Hase und Igel.

V. Umbruch: Modefrauen der Zukunft

1. Die Designerin als Rockstar: Stella McCartney

Eine Zeitlang glichen Stella McCartneys Modenschauen Popkonzerten. Zumindest gilt dies für den «Hype» um diese Präsentationen, den Aufruhr, den sie in der Szene entfachten. Manchmal wurde die Straße abgesperrt, manchmal konnte man sich kaum durch das Heer von Fotografen und Fans den Weg bahnen, und immer gab es Gerangel um die Karten für das Defilee. Die Designerin selbst ist längst begehrtes Objekt der internationalen «Paparazzeria», einem Rock- oder Filmstar gleich durchzieht ihr Name die Klatschpresse. Und ihre Schauen liefern den Hochglanzmagazinen weiteres Futter: Mal sitzt Liv Tyler in der ersten Reihe, mal Gwyneth Paltrow, dann wieder Elvis Costello, Kristin Scott-Thomas oder Ringo Starr und fast immer Paul McCartney, die lebende Legende, der beliebteste aller Beatles, und nebenbei Stellas Vater.

Natürlich erklärt dies manches: den Star-Rummel um eine junge Modemacherin mit wenigen Jahren Branchenerfahrung oder die große Aufmerksamkeit, die ihrer Abschlußschau an der renommierten Londoner Designerschmiede Central St. Martins College of Art and Design im Jahr 1995 gezollt wurde. Topmodels wie Naomi Campbell und Kate Moss führten die Modelle vor. Papa Paul hatte für die Präsentation der achtteiligen Kollektion extra einen Song komponiert: «Stella Mayday». McCartney wurde wegen dieses inszenierten Rummels von eini-

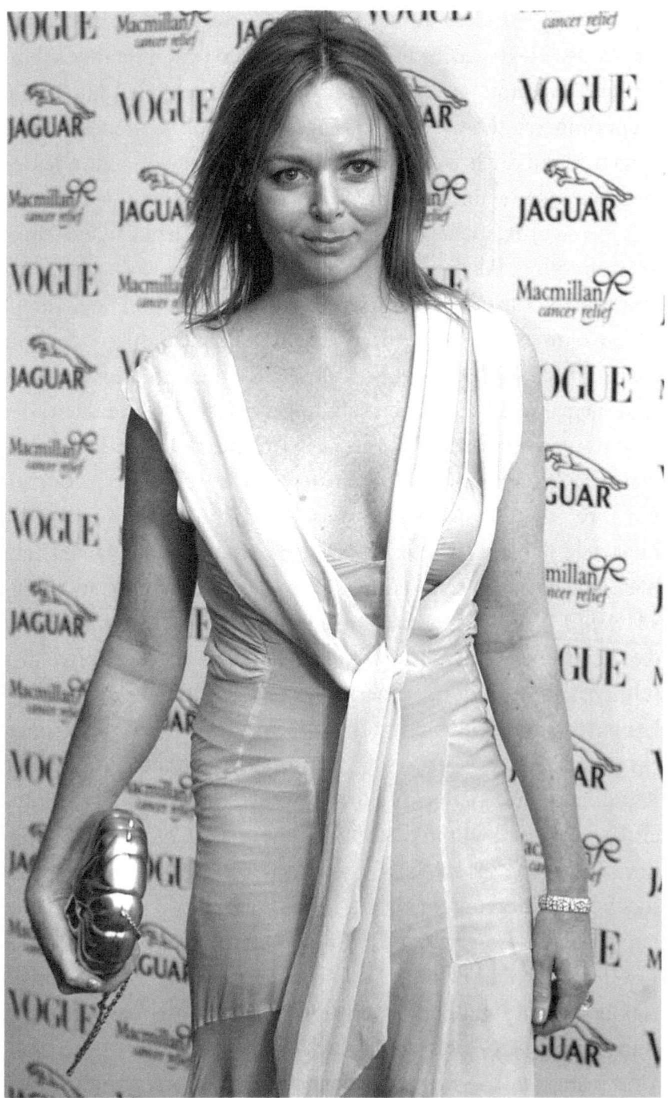

Von Papa Paul hat sie sich emanzipiert: die Modedesignerin und Beatles-Tochter Stella McCartney.

gen ihrer Mitstudenten angefeindet. Ihr war das Ganze schon wegen der vielen (nicht eingeladenen) Fotografen unangenehm. Zudem empfand sie es als Selbstverständlichkeit, daß «gute Freundinnen» (Moss und Campbell) für sie auf den Laufsteg gingen.[1] Und doch wurde sie den Ruch der verwöhnten Tochter eines Superstars, die dank ihrer Herkunft in den Designerhimmel gehoben wurde, nicht ganz los. Zumal es nach dem College munter weiterging: Als Stella in London eine eigene Kollektion lancierte, kam zur ersten Präsentation Popstar Robbie Williams.[2] Als sie dann mit nur 25 Jahren – nicht mal zwei Jahre nach ihrer Abschlußschau und nur 18 Monate nachdem sie eine eigene Linie gegründet hatte – zur Nachfolgerin Karl Lagerfelds bei der damals offensichtlich im Rausche ihrer Blütenmuster dahindämmernden Modemarke Chloé berufen wurde, schwoll das Raunen um ihre prominente Herkunft weiter an. Allen voran lästerte Lagerfeld selbst: «Ich meine, sie hätten einen großen Namen nehmen sollen. Das taten sie auch – aber aus der Musik, nicht der Mode. Hoffen wir, sie ist ebenso begabt wie ihr Vater.»[3] Wollte die Vendôme/Richemont[4]-Gruppe, zu der Chloé gehörte, hier schlicht mit medialer Aufmerksamkeit ein Sorgenkind der Markenwelt «aufpäppeln»? Und gleichzeitig von einer Jungdesignerin mit vielen glamourösen Freundinnen und damit potentiellen Kundinnen profitieren? Natürlich erklärt der Name McCartney einiges. Aber allein um die Entscheidung des Chloé-Chefs Mounir Moufarige, eine relative Newcomerin zur Kreativchefin zu machen, zu begründen, greift sie zu kurz. Das wurde Kritikern nach Stellas erster Schau für Chloé klar, bei der ein ganz neuer Look auftrat und prompt Schule machte. Die Entwürfe, Lingeriekleider und Anzüge, Spitzentops und Hüfthosen, waren leicht, hübsch und sexy und dabei auch noch meisterhaft gearbeitet. Und insbesondere die messerscharf auf Figur geschnittenen Anzüge, die klassische Herrenschneiderkunst mit weiblicher Verspieltheit verbanden, wurden zu Stellas Markenzeichen. Auch

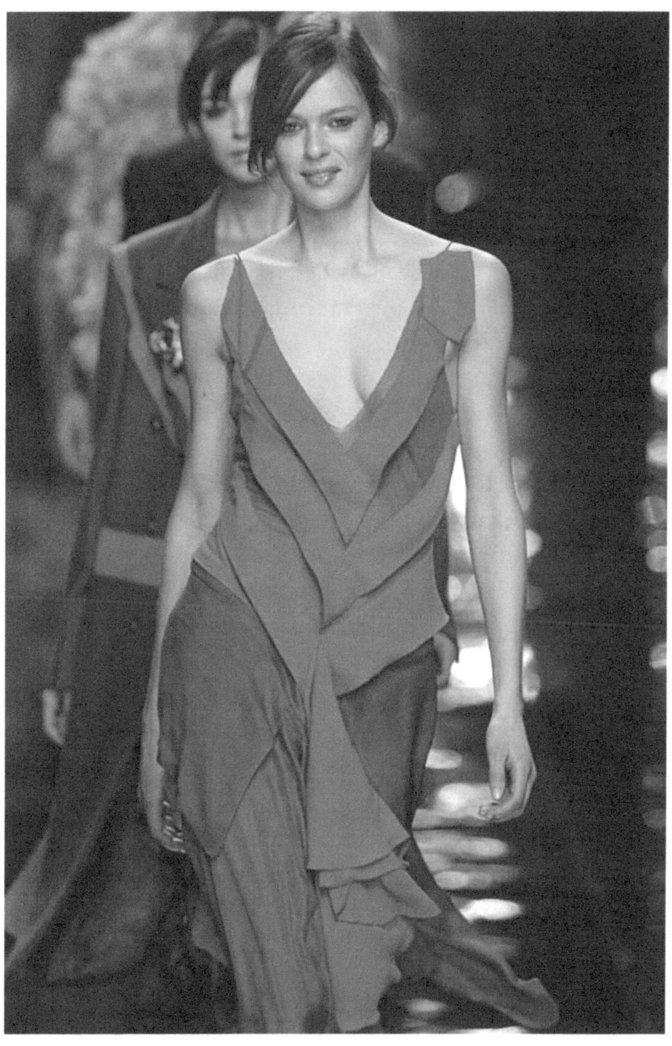

Leicht, hübsch und sexy: Mode von Stella McCartney für Herbst/Winter 2004/05.

wenn Designerinnen verschiedenster Couleur wie Vivienne Westwood oder Jil Sander schon ähnliches versucht hatten: Erst Stella McCartney und ihrer Vertrauten, Assistentin und späteren Nachfolgerin bei Chloé, Phoebe Philo, ist es gelungen, weibliche und männliche Elemente mit vollkommener Selbstverständlichkeit und Leichtigkeit zu verbinden. «Stellas Stil kombiniert die Selbstsicherheit maskuliner Schneiderarbeit mit weiblicher Verführungskunst. Die neue Botschaft für die Modewelt lautet: Chloés Prêt-à-porter will den Frauen das Beste aus beiden Welten bieten», schrieb die *Vogue.*[5] Eine neue Generation scheint im Aufbruch: Sie baut auf dem auf, was Chanel und ihre Nachfolgerinnen mit viel Mühe durchgesetzt haben, doch muß sie nicht mehr ringen. Und so wirkt nichts mehr angestrengt. Vollkommen selbstverständlich tragen McCartney- oder Chloé-Frauen ihre Sexyness zur Schau und beanspruchen gleichzeitig Plätze in den ersten Reihen der Arbeitswelt. Das neue modische Frauenbild, das diese Labels geprägt haben, ist inzwischen allgegenwärtig.

«Sicher, es öffnet Türen, aber es entwirft dir nicht die Kollektion», hat Stella McCartney selbst einmal lakonisch über ihren berühmten Namen geäußert.[6] Natürlich haben ihr die Beziehungen ihres Vaters geholfen, mit 15 Jahren ein Praktikum bei Christian Lacroix in Paris oder später im Moderessort der britischen *Vogue* zu bekommen. Gleichzeitig hat sie offenkundig trotz ihrer Privilegien versucht, vieles besser zu machen als der Durchschnitt. St. Martins reichte ihr nicht, sie wollte neben dem Kreativpart auch das Handwerk von der Pike auf beherrschen. Und so übte sie sich neben dem Studium abends bei Edward Sexton (dem ehemaligen Schneider der Beatles) an der Savile Row in der Kunst, Anzüge zu fertigen. So etwas war Anfang der 90er Jahre absolut unüblich und vergleichbar mit «Kunststudenten, die darauf bestehen, zeichnen lernen zu wollen», wie der *New Yorker* schrieb.[7] Sexton lehrte ihr absolute Perfektion, was sich für Stella bei ihrem durch die hohe Qualität der Entwürfe ausgezeichneten Debüt bei Chloé auszahlte. Später arbeitete sie bei der Designerin Betty Jackson, die sie wegen ihres Fleißes, ihrer Anpassungsfähigkeit an ein Team und ihrer Ausdauer lobte.[8] Nach ihrem Abschluß erwog McCartney zunächst, eine lange Rucksacktour zu unternehmen. Statt dessen lieh sie sich 2000 Pfund von ihren Eltern und setzte alle Energie daran, eine eigene Kollektion zu lancieren. Schon nach kurzer Zeit orderten einige wichtige Kaufhäuser wie Bergdorf Goodman bei ihr.[9]

Stella McCartney kam bei all dem zugute, daß sie von Paul und dessen Frau Linda, einer New Yorker Anwaltstochter, zu größtmöglicher Normalität ohne Allüren erzogen wurde. Seit langem gelten die McCartney-Geschwister als Paradebeispiel wohlerzogener erfolgreicher Prominentenkinder. Stella wurde 1971, kurz nach dem Auseinanderbrechen der Beatles, geboren. In den 70er Jahren lebte sie mit ihrer acht Jahre älteren Halbschwester Heather (aus Lindas erster Ehe), ihrer Schwester Mary (*1969) und dem Bruder James (*1977) zunächst im Londoner Viertel St. John's Wood, in einem großen georgianischen Haus nahe dem Regent's Park. Die Mädchen gingen auf die staatliche Schule und wurden von ihrem Vater dort am Nachmittag abgeholt – wie andere Kinder auch. Später zog die Familie aufs Land in ein kleines Bauernhaus in East Sussex. Die Verhältnisse waren eher bescheiden: Es gab nur zwei Schlafzimmer, eins für die Eltern, eins für die Kinder. Doch drum herum wimmelte es dafür von Tieren – Katzen, Hunden, Ziegen und Pferden. Die McCartneys waren Naturnarren. Linda ritt leidenschaftlich gern, und auch die Kinder lernten den Umgang mit Pferden. Gekocht wurde vegetarisch. Wie vieles andere hat Stella später dies von ihrer Mutter übernommen. Bis heute ißt sie nicht nur fleischlos, sie verarbeitet auch in ihren Kollektionen kein Leder. Später zog die Familie in ein größeres Bauernhaus. Und auch hier gingen die Kinder – wie andere weniger privilegierte auch – auf die staatliche Schule. Besucher verglichen die Atmosphäre gerne mit der Fernsehserie

«Die Waltons».[10] Doch wie übertrieben solche Berichte auch sein mögen: Festzuhalten bleibt, daß Stella McCartney in einer außergewöhnlich harmonischen Familie aufwuchs und nichts von einer «Rockstar-Designerin» ahnen ließ. Exzeptionell war nur, wie sie später wiederholt berichtete, daß manchmal Leute wie Stevie Wonder zum Abendessen kamen. Doch das erzählte sie tunlichst in der Schule niemandem.

Bei aller Zurückhaltung vermittelten Linda und Paul McCartney ihren Kindern ein enormes Selbstvertrauen. Auch dies ist – neben ihrer «Normalität» und Freundlichkeit – ein Zug, der Journalisten immer wieder bei Stella McCartney auffällt und manchmal auch aufstößt. Als Stella etwa bei Chloé zunächst angeboten wurde, eine Zweitlinie zu entwerfen, lehnte die Jungdesignerin dies selbstbewußt ab. Sie wollte die Hauptkollektion machen. Im Frühjahr 2001 verließ sie nach vier Jahren das französische Luxuslabel, um zurück in London unter eigenem Namen – doch unter dem Dach und mit dem finanziellen Background der Gucci-Gruppe – zu arbeiten. Für die Britin war dies ein echter Coup: Welcher Designer wünscht sich nicht eine eigene Linie, für die er kein wirtschaftliches Risiko eingehen muß? Doch dem Vertrag gingen komplizierte Verhandlungen voraus. Der damalige Gucci-Chef Domenico De Sole sprach augenzwinkernd vom schwierigsten Deal, den er je gemacht habe. Und tatsächlich lautet einer von McCartneys Spitznamen «Stella Steel».[11]

Dieses Selbstbewußtsein prägt auch Stellas Modestil. Eigentlich wuchs sie eher uneitel auf, spielte draußen, fing Frösche und besaß keine Puppe. Andererseits zeichnete sie schon als kleines Mädchen Kleiderkollektionen. Und besaß in Linda ein ausgeprägtes Stilvorbild. Bis über deren Krebstod im Jahr 1998 hinaus widmete Stella ihre Kollektionen ihrer Mutter und berief sich immer wieder auf deren Art, sich zu kleiden. Linda Eastman galt niemals als Fashion-Ikone, interessierte sich noch nicht einmal besonders für Mode. Doch besaß sie ein ausgeprägtes «Auge» für Entwürfe und mixte eigenwillig alte Saint-Laurent-Kleider mit Cowboystiefeln, Jeans mit Anzugjacken.

«Meine Mutter war wirklich cool», sagte Stella später. «Heute gibt es gar nicht mehr solche Miezen – Frauen mit so viel Klasse. Heute wirken alle so manikürt, oder? Selbst die, die Punks sein wollen, haben alle schon an Busen oder Nase etwas machen lassen. Sie war überhaupt nicht so. [...] Ihre Art, [Kleidung] zu mixen, wurde ziemlich stark zu meiner eigenen Philosophie.»[12] Die Mischung männlicher und weiblicher Elemente, «feiner» und abgerissener Kleidung und ein ungebrochenes Selbstvertrauen, gepaart mit Unbekümmertheit, dafür stand lange Zeit Stella McCartney auch mit ihrer Person. Als «very lucky girl» hat sie sich selbst bezeichnet,[13] und mit diesem Bild können sich auch gerade junge Frauen identifizieren. Manche mögen dieses Selbstbewußtsein als übertrieben oder oberflächlich empfinden, doch erlaubt es eine Leichtigkeit des Seins, nach der sich viele sehnen. McCartney hat mehrfach von einer Episode berichtet, in der ihre Kleidung bei einer ihrer Freundinnen fast die Wirkung eines Aphrodisiakums zeigte. «Ich hoffe wirklich, daß Frauen nach all dieser Zeit, den Kämpfen, die es gab, genug Selbstvertrauen haben zu tragen, was sie mögen, und sich nicht einem Diktat zu beugen»,[14] sagt sie, und das klingt fast wie eine Mischung aus Jil Sander und Vivienne Westwood. Doch birgt McCartneys Modeauffassung wie auch ihr Look nichts Bemühtes oder gar Aufgesetztes. Ihre Corsagen sind wirklich bequem, ihre Rüschen und Manschetten wirken nicht manieriert, die Spitzen nicht gar zu romantisch und die Anzüge aufreizend weiblich. Und wenn sie Grau verwendet, dann nicht puristisch und einfach, sondern silbrig schimmernd und glimmernd. Allerdings: Stellas unkompliziertes Image, das fast an ein All American Girl mit Pariser Einschlag erinnert, hat inzwischen Kratzer bekommen. Ihre zweite Kollektion für Chloé wurde von wichtigen Kritikern verrissen, auch wenn spätere Entwürfe dann wieder in den höchsten Tönen gelobt wurden. Und als Paul McCartney nach Lindas Tod zum zweiten Mal heiratete, verschwamm auch das Bild der harmonischen Familie ein wenig. Angeblich gab es Unstimmigkeiten zwischen den McCartney-Geschwistern und ihrer relativ jungen Stiefmutter. Der später tobende Scheidungskrieg zwischen Paul McCartney und Heather Mills schien dem Misstrauen der Kinder allerdings Recht zu geben. Doch allein das Rockstarambiente von Stellas Schauen und ihr Dasein als eine Art Popikone sind vielen ein Greuel.

Es gab einige übelmeinende Stimmen, die hinter Stellas Chloé-Mode allzu stark die Handschrift ihrer Assistentin Phoebe Philo erkennen wollten. Als McCartney zu Gucci wechselte und Philo zu ihrer Nachfolgerin ernannt wurde, blickte die Szene mit Argusaugen auf die Kollektionen der beiden, die nun in Konkurrenz in Paris über den Laufsteg gingen. Und McCartneys Entwürfe wirkten zunächst neben denen der Freundin blaß. Doch auch dies scheint sich mittlerweile wieder zu ändern. Insbesondere Stella McCartneys beschwingte Kollektion für Frühjahr/Sommer 2005 gelang ihr hervorragend. Weite, weiße Blusen, schwingende Röcke, kleine Jacken und hohe Espadrillo-Schuhe verbreiteten ultraschicke Ferienstimmung. Stella zeigte, daß sie auch mit Volumen arbeiten kann – vielleicht aufgrund ihrer zeitgleichen Schwangerschaft und dem Bedürfnis nach passender Kleidung. Nach der Heirat mit dem britischen Verleger Alasdhair Willis im August 2003 und der Geburt ihres Sohnes Miller eineinhalb Jahre später ist es inzwischen ruhiger um sie geworden. Und das Bild des «lucky girl» scheint auch wieder hervor, allerdings deutlich unaufgeregter. Stella McCartney hat das Image des Rockstars abgelegt. Und wahrscheinlich wird dies ihrer Mode keinen Abbruch tun. Furore machte allerdings noch einmal ihre Vereinbarung im September 2004 mit der Adidas-Salomon AG, für diese eine Sportkollektion unter dem Label

Adidas by Stella McCartney zu entwerfen. Die Britin macht also nun auch modische Kleidung fürs Gym. Der Deal gilt als zukunftweisend. Sportbekleidung boomt zur Zeit, und große Anbieter versuchen, diesen Bereich mit dem der Designerkleidung zu verbinden. «Fitness de luxe» könnte man das Ganze nennen und sich fragen, ob eine moderne Frau so etwas wirklich braucht. Doch Stella McCartney weiß, wie sie ihre Ideen ihren jungen, gutaussehenden Kundinnen vermittelt. «Praktisch, aber auch sexy»[15] soll das Turnzeug demnach sein, und sie stellt sich dabei geschickt auf die Seite ihrer Kundinnen. In einem Interview zu ihrer Adidas-Kollektion antwortete sie auf die Frage, wen sie selbst in Styling-Angelegenheiten um Rat frage: «Meinen Mann. Und meine Freundinnen. Unser Lieblingsspruch lautet: Sieht mein Hintern darin fett aus?»[16]

2. Das doppelte Lottchen: Phoebe Philo

«Phoebe bekam von mir eine Cartier-Uhr, mein Dankeschön für die allerbeste Freundin der Welt, die so unwahrscheinlich viel gearbeitet hat. Außerdem hat sie heute Geburtstag»,[17] schrieb Stella McCartney am 14. Oktober 1997 in ein Kollektionstagebuch für die Zeitschrift *Cosmopolitan*. Da war Phoebe Philo noch Stellas unermüdliche Designassistentin, ihr hellblondes quecksilbriges Alter ego, und zusammen ließen die beiden die Modewelt Kopf stehen. Sogar als Philo aus McCartneys Schatten heraustrat und bei Chloé zu deren Nachfolgerin und dadurch Konkurrentin um die Anerkennung der Modepresse wurde, ähnelten die beiden Freundinnen immer noch erstaunlich dem «doppelten Lottchen». Sie verbindet nicht nur die gemeinsame Studienzeit in St. Martins und die Prägung durch die Londoner Clubszene – beide lieben auch die Natur und reiten mit Begeisterung. Beide sind mittlerweile verheiratet (Phoebes

Mann ist der Kunsthändler Max Wigram, mit dem sie seit vielen Jahren liiert ist). Und nur wenige Monate lagen zwischen der Geburt von Philos erstem Kind, Maya, im Dezember 2004 und der von Stellas Sohn Miller im Februar 2005. In der vorangegangenen Herbstsaison hatte man sie beide mit rundem Bauch zum Abschluß ihrer Schauen auf dem Laufsteg gesehen. Im Frühjahr hingegen verbrachte McCartney die Defilee-Tage mit ihrem Neugeborenen zu Hause, während Phoebe zwar bei der Chloé-Schau anwesend war, doch im Publikum saß. Wegen der Schwangerschaftspause ließ sie ihr Team allein auf dem Podium den Beifall entgegennehmen.

Vor allem jedoch verbindet beide eine ähnliche Modeauffassung. Wie McCartney will auch Philo Frauen mit ihrer Kleidung neues Selbstvertrauen in ihre Weiblichkeit einflößen, auch sie liebt wäschige Oberteile, Chiffon und Seide und ergänzt diese mit scharf geschnittenen maskulinen Elementen. Und doch werden nach und nach immer mehr die Unterschiede innerhalb dieser Moderichtung deutlich. Dabei kann man nicht einmal sagen, ob Philo sich von McCartney emanzipiert hat oder umgekehrt. Mit vorsichtiger, aber sicherer Hand verpaßte Phoebe Philo Chloé ein etwas anderes Gesicht. Es rockte nicht mehr so wie vorher, der Showbiz-Glitz und die provokanten Aufdrucke verschwanden. Dafür wirkte der Look deutlich lockerer, femininer und auf aufregende Weise sanfter. Die Mode, die Philo macht, ist absolut tragbar, und dennoch war Chloé lange nicht so chic und trendy wie unter ihrer kreativen Leitung. Ein dicker weicher Zopfstrickmantel in einem Jadeton, eine weite Hüfthose, zu der ein Band um die Hüfte geschlungen wird, ein schillerndes Seidenhemdchen, dessen Träger über die Schulter rutscht, und viele verzierte Chiffonkleider mit lockeren Jacken: Alles fließt in einer Romantik jenseits der Biederkeit nur so dahin. Phoebe Philo huldigt einer Schönheit, die man in Amerika als «pretty» bezeichnen würde, doch keiner käme auf die Idee, sie dafür als in-

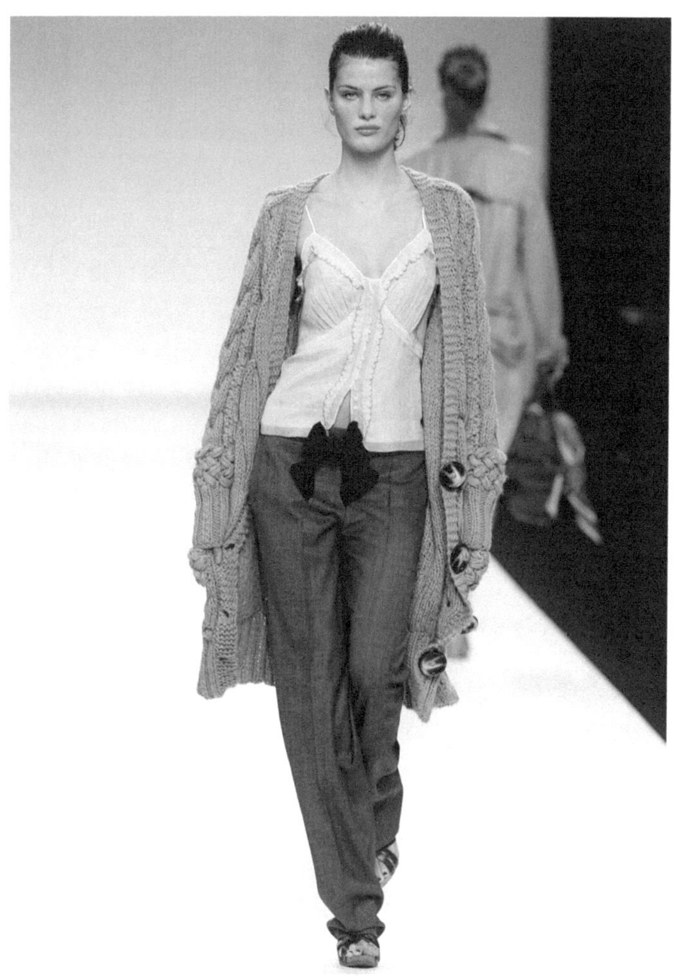

Auf aufregende Weise sanft: Dieser jadegrüne Strickmantel war ein Starstück der Kollektion Herbst/Winter 2004/05 von Chloé.

spirationslos oder oberflächlich zu beschimpfen. Zumal die Entwürfe immer ein wenig wirkten wie aus dem Secondhandshop und daher nie Gefahr liefen, allzu adrett aufzutreten. So wie

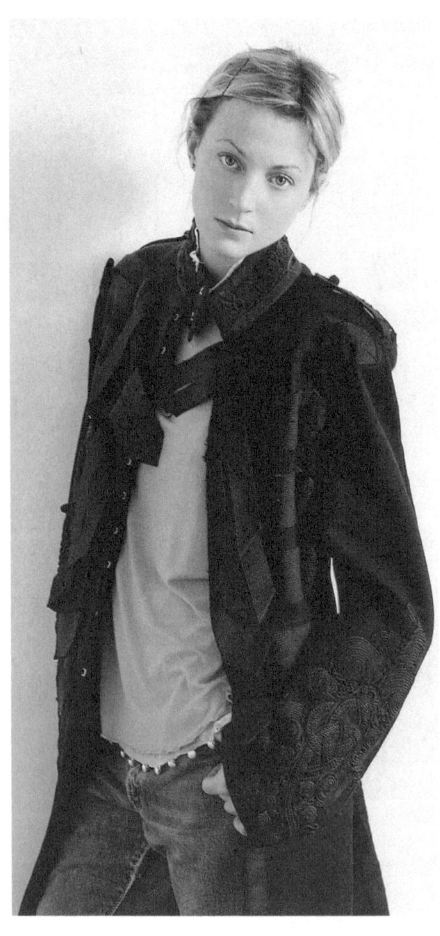

Phoebe Philo könnte als Model für ihre eigenen Entwürfe über den Laufsteg gehen. Foto: Corinne Day.

McCartney den Ruch der privilegierten Prominententochter nach und nach los wurde, so hat sich Philo mindestens ebenso elegant des Rufes der aus Verlegenheit in die erste Reihe geschobenen Zweitbesetzung entledigt. Selbst die schärfsten Kritiker lobten ihre Entwürfe. Selten las man auch nur den Ansatz eines Verrisses. *Women's Wear Daily* zählte die Kollektion Herbst/

Winter 2004 sogar zu den zehn besten der gesamten Schauensaison, die New Yorker, Londoner und Mailänder Präsentationen neben der in Paris mit eingerechnet. Und im November 2004 wurde die Modemacherin prompt zum «British Designer of the Year» gekürt.

Vielleicht lag der Grund dafür, daß Philo so gut bei Presse und Publikum ankam, in dem Mehr an Lässigkeit, das sie Chloé verpaßte. Das Selbstbewußtsein, das McCartney vermittelte, wurde ganz und gar durch Selbstverständlichkeit ersetzt. «Chloé ist sexy, chic, aber nicht lächerlich», sagte etwa die Geschäftsführerin der Münchner Chloé-Boutique und erinnerte an die 70er Jahre, als Chloé ein Muß für trendbewußte, doch smarte Frauen war.[18] All dies mag mit Phoebes Zurückhaltung und Gelassenheit zu tun haben. «Ich will nicht berühmt werden», sagte sie. «Wenn mir jemand vom Verkaufsteam erzählt, daß es Wartelisten für ein bestimmtes Teil gibt, dann fasziniert mich das. Ich wollte Dinge vereinfachen, nicht das Design neu erfinden, sondern Kleidung machen, die Frauen wirklich tragen wollen.»[19] Und hier liegt wie bei einigen der in diesem Band vorgestellten, von weiblichen Designerinnen gemachten Marken wahrscheinlich der Schlüssel zum Erfolg. Phoebe Philo macht Mode, die sie selbst anzieht. Dabei trügt der Satz, sie wolle nicht berühmt werden, ein wenig. Denn die am 14. 10. 1973 in Paris geborene Britin ist die ideale Botschafterin für ihre eigene Mode. Sie tritt meist fast ungeschminkt auf, was sie sich bei ihrem makellosen Gesicht leisten kann. Feingliedrig, mit nach hinten gebundenen Haaren und leger, doch elegant gekleidet, wirkt sie wie ein Model, das etwas unauffälliger als ihre Kolleginnen auftritt. Oder wie das Mädchen von nebenan, das etwas besser als die anderen aussieht. Philo vereint Glamour und Schlichtheit, und das macht es vielen jungen Frauen so leicht, sich mit ihr zu identifizieren.

Auch ihre Biographie oszilliert zwischen «außergewöhnlich» und «stinknormal». Die Mutter Celia ist eine Grafikdesignerin, auffallend durch ihren eleganten Kleidungsstil, der Vater Richard ein Immobilienentwickler. Phoebe wuchs in einem liberalen Londoner Mittelklassehaushalt auf und genoß – wie viele ihrer Generation – daher auch relativ große Freiheiten. Sie scheint keine auffallend gute Schülerin gewesen zu sein, interessierte sich aber früh für Kleidung. Und so schenkten ihr ihre Eltern zum 14. Geburtstag eine Nähmaschine, mit der sie sich ihre Ausgehklamotten schneiderte. «Es gab niemals einen genau definierten Moment, an dem ich beschloß, Designerin zu werden. Aber ich neigte immer zu einer kreativen Richtung, da ich akademisch schwach war»,[20] erzählte Philo einmal, und so ein selbstkritisches Statement trägt zu dem großen Sympathiebonus bei, den sie in der Szene genießt. Als Jugendliche zog sie sich schräg und auffallend an und galt als «wildes» Partygirl. Viele ihrer früheren Bekannten erinnern sich an goldgefärbte Zähne und ultralange Fingernägel. Doch schon ihre Abschlußschau in St. Martins zeigte, daß sie Mode nicht wie Kunst buchstabiert, sondern einfach gute Kleidung machen will. Die Sachen waren tadellos geschnitten und elegant. Das Styling hingegen wirkte wild und exzentrisch – «so eine Art puertoricanischer Weiber-*Gang*», wie sie sagte.[21] Von Philos rebellischen Zeiten ist ein Hauch von Extravaganz geblieben, der ihre Schauen umweht. Doch insgesamt gilt: «Je älter ich werde und je mehr Kollektionen ich mache, desto mehr interessiere ich mich für echten Stil und Schönheit. Ich möchte Weiblichkeit unterstreichen und nicht zur Schau stellen.»[22]

Nachdem Phoebe Philo im Jahr 2001 die kreative Leitung von Chloé übernommen hatte, stieg der Umsatz kontinuierlich. Natürlich hatte ihre Vorgängerin dafür den Boden bereitet, doch Philo baute die Linie noch konsequenter auf und aus. Die Accessoires wie Handtaschen oder kleine Lederwaren – einst nicht existent – machten bald fast ein Drittel der Einnahmen des Hauses aus.[23] Für Modelle wie die lässige Paddington Bag gab es lange Wartelisten. Zusammen mit Chloé-Chef Ralph Toledano machte Phoebe Philo eine Lifestyle-Marke aus dem französischen Label. Als die Designerin im Januar 2006 Chloé verließ, waren viele Modeleute erst einmal fassungslos. Philo jedoch wollte mehr Zeit mit ihrer kleinen Tochter verbringen. Letztlich traf sie damit eine mutige Entscheidung, die von ihrer Autonomie und Stärke zeugt. Man wird noch von ihr hören. Die Mischung aus Zurückhaltung und Extravaganz, die die britische Designerin repräsentiert, scheint auf viele junge Frauen glaubwürdig zu wirken.

Sicher eignet Phoebe Philo nicht das kreative Genie einer Miuccia Prada. Sie ist auch keine Meisterin der Komplexität wie Rei Kawakubo. Und schon gar nicht eine Moderevolutionärin mit aufklärerischem Impetus wie Vivienne Westwood oder – auf ganz andere Weise – Jil Sander. Phoebe Philo gelingt es jedoch, feminine, schöne und doch tragbare Kleidung zu machen, gut geschnitten und anziehend, alltagstauglich und äußerst charmant. Und die leichte Hand, mit der sie die Schere führt, zeugt von großer Könnerschaft.

VI. Einbruch: Stilbilder ohne Schnittvorgaben

1. «Why Don't You?»: Diana Vreeland

Eigentlich hatte sie es nie zuvor geschafft, sich früher als mittags anzuziehen. Und auch in einem Büro hatte die mondäne Society-Lady Diana Vreeland bisher noch nicht gearbeitet. «Doch», beruhigte sich die New Yorkerin, als ihr Carmel Snow, die Chefredakteurin von *Harper's Bazaar*, Mitte der 30er Jahre anbot, eine Modekolumne zu verfassen, «Miß Snow war offenbar mehr daran interessiert, was ich anzog, als daran, wann ich es anzog.»[1] Und so gab sie der erstaunten, teils belustigten, teils schockierten amerikanischen Gesellschaft unter dem Motto «Why Don't You?» – «Warum nicht auch Sie?» – fortan Ratschläge wie «Waschen Sie die blonden Haare Ihres Kindes mit abgestandenem Champagner» oder «Machen Sie aus Ihrem alten Hermelin einen Bademantel». Der witzige und zugleich manierierte Ton wies die Verfasserin als sympathischen Snob aus und machte die Kolumne weltbekannt. Vreeland avancierte 1962 auf diese Weise zur Chefredakteurin der amerikanischen *Vogue* und schließlich zur wohl einflußreichsten Modejournalistin des 20. Jahrhunderts.[2]

Chefredakteure glamouröser Fashion-Magazine können ähnlich trendbestimmend wirken wie Designer selbst. Sie fungieren als eine Art Stilbilder ohne Schnittvorgaben. Indem sie Themen gestalten, Bruchstücke aus Kollektionen zu einem neuen Ganzen zusammenfügen und durch eine neue Aufmachung verändern,

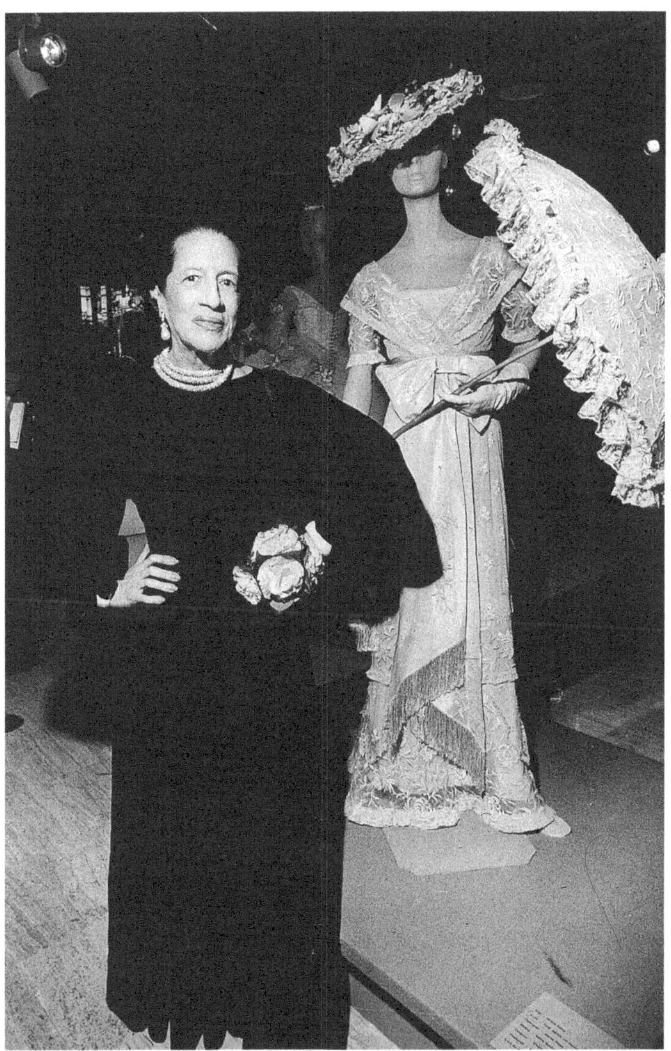

Diana Vreeland war eigentlich ein «Socialite», eine mondäne Dame der High Society. Sie avancierte zur wohl einflußreichsten Modejournalistin des 20. Jahrhunderts.

kreieren sie modische Weltbilder, die manchmal den Zeitgeist in eine andere Richtung drehen. Der von damaligen Avantgarde-Magazinen wie *ID* oder *The Face* propagierte «Heroin-Chic» der späten 90er Jahre ist ein gutes Beispiel dafür. Oder die aufsehenerregende Fotostrecke der amerikanischen *Vogue* vom November 2001, die die Ära der amerikanischen Pioniere beschwor und eine viktorianisch angehauchte Folklorewelle auslöste. Und wegen dieser stilbildenden Wirkung, die durchaus mit denen von Designern vergleichbar ist, werden die beiden mächtigsten Chefredakteurinnen der vergangenen Jahrzehnte hier vorgestellt. Auch wenn sie wahrscheinlich nie Schere und Nadel in der Hand hielten.

Die Macht: Zwischen den Magazinen tobt ein veritabler Konkurrenzkampf darum, wer den größten modischen Einfluß erlangt. Auf dem Gebiet der Luxusmode hat die Zeitschrift *Vogue* hier zweifelsohne eine Vorrangstellung inne, und sogar innerhalb der verschiedenen Länderausgaben der weltweit erscheinenden Publikation aus dem Hause Condé Nast gibt es eine Hierarchie. Die amerikanische *Vogue* gilt dabei als das machtvollste Organ der Mode. Danach kommt wahrscheinlich die französische Ausgabe der *Vogue*, die seit dem Eintritt der Stilikone Carine Roitfeld als Chefredakteurin in der Modewelt ständig an Boden gewinnt.

Im Gegensatz zur männlichen Domäne des Modemachens im Designerhaus liegt das Modemachen bei Zeitschriften seit Jahrzehnten in Frauenhand. Zur Zeit von Diana Vreelands Eintritt bei *Harper's Bazaar* herrschte ein Kleinkrieg zwischen der *Vogue*-Queen Edna Woolman Chase und der *Harper's*-Chefin Carmel Snow, die pikanterweise vorher unter Chase gearbeitet hatte.[3] Und so kam es 1962 einem Coup gleich, als es dem Verleger Condé Nast gelang, *Harper's Bazaar* seinen Paradiesvogel Diana abzuwerben (Vreeland, die nach dem Krieg ihre Modekolumne nicht hatte wiederaufleben lassen wollen, arbeitete dort inzwischen als Redakteurin). Und die wurde nun zum kreativen Kopf der amerikanischen *Vogue*.[4] Die großbürgerliche New Yorkerin von der Upper East Side besaß einen unvergleichlichen Sinn für Farben, den sie selbst auf ihre in Paris verbrachte frühe Kindheit zurückführte. Damals hatte sie die prächtig gekleideten Pariser Kokotten immer wieder im Bois de Boulogne bewundert. Später schrieb sie: «Diese Farben. Vorher war Rot niemals Rot gewesen und Violett niemals Violett. Denn die erschienen seit jeher leicht... vergraut. Doch die Kleider dieser Frauen im Bois leuchteten in messerscharfen Farben: rotes Rot, gewaltiges Orange, Orange – und wenn ich ‹Orange› sage, meine ich Rotorange, nicht Gelborange – Jadegrün und Kobaltblau.»[5] «Wenn ich Orange sage, meine ich Rotorange»: Vreelands wohl hervorstechendste Eigenschaft lag in der punktgenauen Vorstellung, die sie sich von einem modischen Outfit machte. Ihr Stilgefühl schien untrüglich, doch niemals geriet sie dabei in die Nähe der Langeweile. «Haben Sie keine Angst, vulgär zu erscheinen», riet sie einmal einer jüngeren Redakteurin. «Aber hüten Sie sich vor dem Eindruck von Mittelklasse oder Stumpfsinn.»[6] «Sie war und blieb die geniale Moderedakteurin», beschrieb sie der Starfotograf Richard Avedon. «Die Designer [...] und die Modewelt mußten ihr folgen.»[7]

Vreeland drückte der gesamten Modewelt der 60er Jahre ihren Stempel auf; sie hatte keine Angst vor schlechtem Geschmack oder schrill zu erscheinen und war vielleicht deswegen so stilsicher. «Gib ihnen das, von dem sie niemals ahnten, daß sie es brauchen»,[8] war ihr Motto bei der *Vogue*. Sie erfand oder popularisierte Wendungen wie die der «Beautiful People», die heute das Jahrzehnt charakterisieren. Und sie war maßgeblich am Erfolg ungewöhnlich aussehender Models wie Twiggy oder Lauren Hutton beteiligt und arbeitete für ihre Fotostrecken auch mit Schauspielerinnen wie Jane Birkin[9] oder Barbra Streisand. Die exzentrische Chefredakteurin wirkte gar demokratisierend, machte das Schönheitsbild unendlich vielfältig. Sie selbst war überhaupt keine klassische Schönheit und doch eine ausgesprochen attraktive Frau. Schon als junges Mädchen verstand sie, scheinbare Makel in Vorzüge umzuwandeln. In ihren Memoiren beschreibt sie, wie sie sich als junges Mädchen zurechtmachte, mit weißgeschminktem Gesicht und ganz in Rot und Weiß gekleidet: «Ich war weißer als weiß. Natürlich war mein Kleid weiß. Und dann die Rottöne... Ich trug lackrote Samtschuhe. Ich trug rote Kamelien. Damals sendete man noch Blumen, und ich erhielt etwa 50 Bouquets.»[10] Und noch als alte Frau erscheint sie mit ihren schwarzen, zurückgekämmten Haaren, ihrem ledrigen Indianergesicht, den rotgeschminkten Lippen und Fingernägeln wie eine roh in den Stein gehauene Skulptur seltsam faszinierend. Großer ethnisch anmutender Schmuck und die Farben Schwarz und Rot gelten als ihr Markenzeichen.

Vielleicht ist ihr größter Verdienst, daß sie den Frauen vorlebte, daß sie nicht hübsch sein mußten, um blendend auszusehen. Ein eigener Stil machte alles wett. Allerdings: Besonders praktische Ratschläge gab sie dabei nie. Diana Vreeland war durch und durch ein Luxusgeschöpf, aus einer Epoche stammend, in der reiche Frauen mehrmals im Jahr nur für die Anprobe ihrer maßgeschneiderten Unterwäsche nach Paris reisten. Schon ihre Kindheit im Großbürgertum von Paris und Manhattan sowie das Vorbild der Mutter, einer gefeierten Belle-Époque-Schönheit, hatten dazu beigetragen, daß Garderobefragen eine ihrer Hauptbeschäftigungen waren. Und das blieb auch so, als sie 1924 mit dem Banker Reed Vreeland einen der begehrtesten Männer New Yorks heiratete. Erst als Carmel Snow sie als Kolumnistin anheuerte, wurde aus der Passion ein Beruf. Doch die Mischung aus Intuition, Extravaganz und Lässigkeit, mit der sie das Flaggschiff von Condé Nast so überaus erfolgreich steuerte, ist heute kaum noch für einen Chefredakteur vorstellbar. Sie besaß fast Narrenfreiheit – zumindest wird das aus den kürzlich erschienenen *Vreeland Memos* deutlich, die die Herausgeber der Zeitschrift *Visionaire* 2002 ausgegraben und neu ediert haben. «Betrifft: Perlen», schrieb sie etwa am 9. Dezember 1966. «Mich enttäuscht außerordentlich, daß wir in den vergangenen Ausgaben praktisch keine Perlen benutzt haben. Tatsächlich hätten viele Hälse besser aussehen können mit – bei Kleidern mit offenen Ausschnitten – innerhalb des Revers getragenen Perlen oder – bei gewöhnlicheren Kleidern – außerhalb. Ich rede so häufig hiervon, und sobald ich damit aufhöre, verschwinden die Perlen wieder. Nichts gleicht dem Luxus von Perlen. Bitte behaltet sie im Hinterkopf.»[11] Auch hier wird wieder ihre präzise Vorstellung deutlich. Und natürlich der Wille, sich einzumischen, die *Vogue* nach ihrem Bilde zu formen. Ihr Charisma ist noch heute spürbar, und die Modewelt verehrt sie nach wie vor. «Für mich bedeuten die Notizen etwa das gleiche, als hätte man das Tagebuch von Coco Chanel gefunden», meinte sogar der *Visionaire*-Chefredakteur Stephen Gan über Vreelands Einträge.[12] Und das will einiges heißen, denn Gan selbst genießt in der Fashion-Szene einen hohen Status.

Vreeland war allmächtig, doch als die *Vogue* sie 1971 entließ, hatten die Zeiten sich geändert. Der Druck in der Branche war enorm gestiegen, und für die symphatische Skurrilität einer Diana Vreeland schien kein Platz mehr. Dennoch schaffte sie es, auch später ihren Einfluß noch geltend zu machen: als geniale Ausstellungsmacherin in der Modeabteilung des Metropolitan Museum of Art. Ihre Schauen über den Couturier Cristobal Balenciaga oder die Ballets Russes schrieben Modegeschichte. Ihre Energie war auch in hohem Alter ungebrochen (sie starb 1989). Ihr Sohn Freckie erinnerte sich später, daß sie damals an schwachen Tagen im Bett blieb, wenn sie Leute zum Abendessen eingeladen hatte. Die alte Dame kommunizierte durch die geschlossene Zimmertür mit ihren Gästen, während das Hausmädchen servierte. «Mama trat nie gern anders auf als im vollen Galopp», kommentierte er.[13] Stillstand hätte für Diana Vreeland Rückschritt bedeutet. Ihre geistige Flexibilität und ihr Tempo glichen ihre Empiremanieren letztendlich aus – sie war und blieb eine Königin der Moderne.

2. Die Queen: Anna Wintour

Im März 2005 wurde Anna Wintour vor einer Chanel-Modenschau in Paris ein Stück Käsetorte ins Gesicht geschleudert. Eine militante Tierschützerin wollte die Chefredakteurin der amerikanischen *Vogue*, die für ihre Liebe zu Pelzmänteln bekannt ist, an ihrer empfindlichsten Stelle treffen: der Eitelkeit. Denn Kuchen im Gesicht, das erinnert an die Slapstickszenen der Serie *Dick und Doof*, und auch eine Königin der Eleganz kann damit eigentlich nur noch eine lächerliche Figur machen. Doch Wintour blieb cool: Sie verschwand, eskortiert von ihrem Begleiter, dem Moderedakteur André Leon Talley. Und pünktlich erschien sie kurz darauf mit perfektem Make-up zum Defilee. Am Nachmittag sah man sie dann bei der Präsentation von Christian Lacroix: Unbeeindruckt trug sie wieder Pelz und scherzte sogar mit ihren Sitznachbarn. Die lächelnde Anna galt früher als seltener Anblick. Inzwischen gibt sie sich lockerer.

Anna Wintour gilt als absolutistisch herrschende Queen der Modewelt, als «icy queen», als gefühlskalte Schneekönigin. Sie trägt Spitznamen wie «Nuclear Wintour» oder «Stalin». Die Branche fürchtet sie. Im Jahr 2004 wurden sogar einige der Mailänder Stilistenschauen ihretwegen verlegt. Die *Vogue*-Chefin hatte verlauten lassen, daß sie zu der parallel zur Modewoche stattfindenden Oscar-Verleihung reise. Einige wichtige Designer, die eigentlich genau am Tag der Hollywood-Gala zeigen wollten, suchten sich daraufhin einen neuen Termin. Die

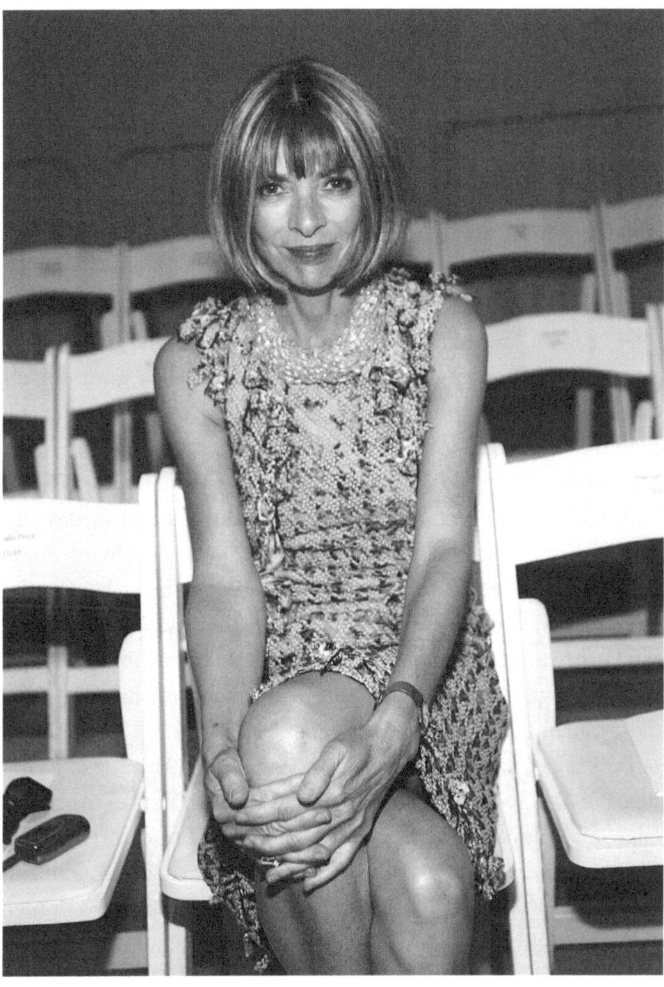

Die «Schneekönigin» lacht: Anna Wintour beherrscht als Chefredakteurin der US-Vogue die Modewelt.

Episode zeigt, wie mächtig Wintour ist. Sie hat Modemacher wie John Galliano berühmt gemacht und ihr mißliebige Trends wie die Grunge-Welle zum Erlahmen gebracht. Viele Kollegen wie auch wichtige Modeeinkäufer loben ihr unbestechliches Urteil, und Fotografen, mit denen sie gearbeitet hat, erzählen, sie habe ihnen ungeahnten kreativen Freiraum verschafft.

Doch gibt es auch Dutzende von Geschichten über ihre unerbittliche Art, mit Mitarbeitern umzugehen, ihren angeblich skrupellosen Ehrgeiz und Hang zu bitterbösen Bemerkungen über andere, weniger glamouröse oder schlecht angezogene Leute. Frühere Assistenten beschreiben das Leben unter ihr als eine Art irdisches Fegefeuer. Eine von ihnen – die Publizistin Lauren Weisberger – hat ihre Erfahrungen sogar in einen Furore machenden Roman einfließen lassen: *Der Teufel trägt Prada*. Hinter diesem Teufel, der bösartigen Chefredakteurin des einflußreichsten Modemagazins der Welt, war unschwer Anna Wintour als Vorbild auszumachen. Doch geschadet hat ihr der Roman, den sie nie kommentierte, letztlich nicht. Und auch dessen Furore machende Verfilmung mit Meryl Streep in der Hauptrolle hat eigentlich nur ihre Rolle als Primadonna gefestigt, und diese scheint auch ihr Erfolgsgeheimnis. «Sie hat Starqualitäten»,[14] sagt der amerikanische Modeschöpfer Oscar de la Renta über sie. Die Tochter des mächtigen englischen Zeitungsmachers Charles Wintour und der amerikanischen Professorentochter Eleanor «Nonie» Baker hat sich selbst zu einer Ikone gemacht. Wie die hier vorgestellten Designerinnen dient sie vielen Frauen als Stilvorbild. Jerry Oppenheimer erklärt in seiner nicht autorisierten Wintour-Biographie *Front Row*[15] den Aufstieg eines glamourösen und schönen Londoner Partygirls, das wegen eines zu kurzen Rocks von der Schule flog, mit Wintours (ihrem Vater zu verdankenden) guten Verbindungen und ihrem maßlosen Ehrgeiz. Gleichzeitig bescheinigt er ihr jedoch ein unfehlbares Stilgefühl und einen ausgeprägten Hang zu verfeinerter Ästhetik.

Anna Wintour, die am 3. 11. 1949 in London geboren wurde, hat das geprägt, was man einen «key look» nennt: eine typische Art, sich zu kleiden. Schon als Teenager ließ sie sich die Haare zu einer kinnlangen Bobfrisur schneiden, schon damals war sie streichholzdünn und trug schmale superschicke Kleidung und hohe Absätze. In ihrer Zeit als Moderedakteurin (erst bei einem Hochglanzmagazin in London, später bei *Harper's Bazaar* in New York) gewöhnte sie sich an, eine große schwarze Sonnenbrille zu tragen. Noch heute – sie leitet die amerikanische *Vogue* seit 1988 – pflegt sie diesen Stil. Mal trägt sie ein auf Figur geschnittenes Chanel-Kostüm, mal einen Goldrock oder ein Etuikleid von Prada. Immer kombiniert sie dazu hohe Absätze und häufig nackte Beine. Alles an ihr scheint Disziplin zu predigen: die dank regelmäßigen Tennisspielens durchtrainierte, zarte Figur, die stets tadellos sitzende Frisur oder das ungeschminkt wirkende, doch sorgsam gepflegte Gesicht. Anna Wintour wirkt unnahbar, auch wenn manchmal Artikel über ihr gutes Verhältnis zu ihren beiden Kindern aus ihrer (inzwischen beendeten) Ehe mit einem prominenten Kinderpsychologen ein freundlicheres Bild von ihr zeichnen. Ihr Look jedoch scheint vielen Frauen nicht so weit entfernt wie ihre Person. Er wirkt kopierbar, wenn auch auf weniger luxuriöse und kostspielige Weise als das Original. Und genau das macht Anna Wintour so populär. New Yorker Kaufhäuser haben schon Schaufensterpuppen nach ihrem Vorbild zurechtgemacht, und denkt man etwa an die Serie *Sex And The City*, so zieht man unwillkürlich eine Verbindung vom Kleidungsstil der Hauptfigur Carrie Bradshaw zu dem Anna Wintours.

Die US-*Vogue* ist unter Wintours Ägide ein «Blatt zum Anfassen» geworden. Die Modestrecken sind erlesen (Wintour versucht prinzipiell, überall – ob bei Kleidung, Fotografen oder Models – das Beste bzw. die Besten zu bekommen), doch nicht zu exzentrisch. Mit viel Witz beschreiben New Yorker

Gesellschaftsdamen in regelmäßigen Kolumnen ihre alltäglichen Modenöte, fehlgeschlagene Haarkolorierungen, zum Scheitern verurteilte Fitnessprogramme oder die verzweifelte Suche nach einem passenden Schwangerschaftsoutfit. Dazwischen finden sich immer wieder Geschichten über Hollywood-Stars wie Cate Blanchett oder Sandra Bullock, die Wintour dann auch gerne aufs Titelblatt nimmt. Sogar die sonst wenig attraktive Hillary Clinton zierte, blendend zurechtgemacht, schon das *Vogue*-Cover und fungierte zudem als Model für eine Fotostrecke. Wintour berät die mit ihr befreundete Politikerin seit einigen Jahren in Stilfragen. Seitdem tritt Clinton deutlich eleganter auf. «Glamour zum Anfassen», das ist das Erfolgsrezept der amerikanischen *Vogue*, die dank Anna Wintours Geschick in Sachen Gewicht zu einer Art Wackerstein unter den Modemagazinen geworden ist. Mit rund 600 Seiten ging etwa die Ausgabe vom März 2005 an den Kiosk: Der Umfang erklärt sich durch die immense Zahl an Anzeigen in der *Vogue*. Und letztlich wird hieran der Erfolg eines Chefredakteurs gemessen.

Zum Glück hat es Anna Wintour bei aller Tauglichkeit zum Stilvorbild vermieden, ihrem Blatt den Stempel der absoluten Ernsthaftigkeit aufzudrücken. Denn der prägt eigentlich ihre Modeauffassung. «Alles war für sie eine Sache auf Leben und Tod», beschrieb eine ehemalige Mitarbeiterin Anna Wintours Art, mit Mode zu arbeiten.[16] Humorlos und zutiefst skeptisch, so wirkt die mächtigste Frau des Modejournalismus allzuoft, wenn sie in ihren wunderschönen Kleidern Starauftritte absolviert. Mode scheint in Anna Wintours Privatwelt eine todernste Angelegenheit zu sein. Doch gerade wenn Frauen Mode für Frauen machen, ob mit der Schere oder am Computer, ob als Designerin oder Chefredakteurin, muß gelten: Mode sollte zuallererst Spaß machen. Denn allzu lange hat sie dazu gedient, Weiblichkeit einzuschnüren.

Dank

Marietta Andreae, Andrea Barthélémy, Bernd Blaschke, Alexandra Degel, Ursula Harbrecht, Jason Jacobs, Renate Janner, Christin Losta, Marion Schiesser, Laurence Stuchlik, Alja Tabache, Sylvie Thost, Martin Veit und Dirk van Versendaal möchte ich für ihre freundliche Hilfe und Unterstützung Dank sagen.

Besonderer Dank gilt Jil Sander sowie Alexandra Schumacher, Doris Klaiber und Karin Beth, der Initiatorin dieses Buches, vom Beck Verlag. Und natürlich meiner unendlich geduldigen und hilfsbereiten Familie – meinem Mann Henning Schneider, meinen Kindern Sophie und Julius und meinen Eltern.

Anmerkungen

I. Einleitung

1 Pearl stellt somit auch eine interessante Illustration zu dem von der Modetheorie erfolgreich attackierten Gegensatz zwischen Schein und Sein bzw. «Künstlichkeit» und «Natürlichkeit» dar. Vgl. zu letzterem Barbara Vinken: *Mode nach der Mode*, Frankfurt am Main 1993, insbes. S. 23 f.

2 Valerie Steele: *Women of Fashion*, New York 1991, S. 9.

3 Barbara Vinken irrt sich in ihrer Studie in diesem Punkt. Sie bezeichnet Saint Laurent als zur «mode de cent ans» zugehörig, die in den 70er Jahren zu Ende gegangen sei (S. 56 ff.). Sie übersieht dabei seine entscheidende Rolle bei der Entwicklung des Prêt-à-porter, der heute führenden Moderichtung, und Saint Laurents Einfluß auf Entwürfe aktueller Designer wie etwa Tom Ford.

4 Vgl. Steele, S. 10.

5 Vgl. Gertrud Lehnert: *Frauen machen Mode*, Dortmund 1998, S. 58.

6 Die Frage nach geschlechtsspezifischen Unterschieden aufzuwerfen mag in den meisten Bereichen überflüssig erscheinen. Auf modischem Gebiet jedoch findet sie schon allein dadurch ihre Berechtigung, daß seit dem Mittelalter eine der Hauptfunktionen der Gewänder darin besteht, geschlechtliche Differenzen zu markieren.

7 Zumindest wird ihr diese Äußerung zugeschrieben, vgl. Steele, S. 39.

8 «Das Wesentliche des Chanel-Looks war Chanel selbst», vgl. Steele, S. 13.

II. Aufbruch: Coco Chanel und ihre Rivalinnen

1 Lehnert, S. 61.

2 Frankreich dominierte etwa seit dem 17. Jahrhundert die europäische Mode und gilt daher hier als beispielhaft.

3 Vgl. Steele, S. 19.

4 Im französischen Wörterbuch von Robert wird 1200 als Jahreszahl für den ersten Nachweis des Wortes «couturière» angegeben, 1170 für den «tailleur». Die (männliche) Form «couturier» im Sinne von «Modeschöpfer» taucht ab 1874 auf.

5 Man denke nur an den nur wenige Jahrzehnte später, zur Zeit der Restauration, spielenden Roman *Illusions perdues* von Balzac, in dem Lu-

cien de Rubempré verzweifelt versucht, durch eine neue Toilette gesellschaftlichen Rang zu erreichen.

6 Thorstein Veblen: *Theorie der feinen Leute*, in: Silvia Bovenschen (Hrsg.): *Die Listen der Mode*, Frankfurt a.M. 1986, S. 106–155, Zitat auf S. 151 (der Text erschien erstmals 1899).

7 Vinken, S. 19.

8 Lehnert, S. 56.

9 Steele, S. 29.

10 Ebd.

11 Ebd., S. 29.

12 Ingrid Loschek: *ModeDesigner*, München 2002, S. 166.

13 Lehnert, S. 77.

14 Edmonde Charles-Roux: *Le Temps Chanel*, Paris 1979, S. 235.

15 Charles-Roux meint, daß vorher die Couture gänzlich von Frauen (Lanvin, Schiaparelli, Vionnet) dominiert gewesen sei. Sie unterschlägt dabei, daß jene wie auch Chanel ihre Macht den seit Worth dominierenden Männern regelrecht abgetrotzt hatten.

16 Axel Madsen: *Chanel. Die Geschichte einer emanzipierten Frau*, München 2001, S. 45.

17 Charles-Roux, S. 244.

18 Madsen, S. 49.

19 Vgl. hierzu Anne Hollander: *Anzug und Eros*, Berlin 1995.

20 Lehnert, S. 98.

21 Charles-Roux, S. 78.

22 Er war ein Neffe des Zaren.

23 Madsen, S. 150.

24 Charles-Roux, S. 68.

25 «She invented her own personal style, based on the attire of her male protectors – clothing that represented the masculine power and aristocratic independence that she craved», Steele, S. 41.

26 Madsen, S. 89.

27 Der Maler Paul Iribe und Chanel wollten sogar heiraten. Iribes früher Tod 1935 bei einem Tennisspiel durchkreuzte diesen Plan.

28 «Chanel lied both to conceal a bitter past and to create a brilliant new persona», Steele, S. 39.

29 François Baudot: *Magier der Mode. Chanel*, München 1996, S. 13.

30 Madsen, S. 392 f.

31 Farid Chenoune: *Magier der Mode. Jean Paul Gaultier*, München 1996.

32 François Baudot: *Magier der Mode. Schiaparelli*, München 1997, S. 4.

33 «All the women wanted one, immediately», vgl. Elsa Schiaparelli: *Shocking Life*, New York 1954, S. 12 f., zitiert nach: Dilys E. Blum: *The Art and Fashion of Elsa Schiaparelli*, Philadelphia Museum of Art 2004, S. 13.

34 Baudot, S. 5 f.

35 «By contrast, Schiaparelli emphasized a traditionally ‹feminine› wealth of ornamentation, color, and fantasy», Steele, S. 66.

36 «Für die moderne Mode Elsa Schiaparellis war, nicht anders als für die Coco Chanels, der Schnitt von allererster Bedeutung», kommentiert Gertrud Lehnert dazu (Lehnert, S. 126).

37 Der exzellente Ausstellungskatalog *The Art and Fashion of Elsa Schiaparelli* widmet dem Thema Sport sogar ein eigenes Kapitel.

38 Über diese Zeit gibt es nur wenige und zum Teil widersprüchliche Angaben. Schiaparelli und Kerlor waren offensichtlich in finanziellen Schwierigkeiten, auch gab es – wohl wegen seiner Affären mit anderen Frauen – Eheprobleme.

39 Vgl. Lehnert, S. 115.

40 «Shocking» Pink – ein aufsehenerregender Magenta-Ton war Schiaparellis Lieblingsfarbe. Das Wort «Shocking» galt als Schlüsselbegriff für ihre Mode.

41 Vgl. Valerie Steele: «The point is that Schiap regarded fashion as art» (Steele, S. 66).

42 «Once or twice I had thought that instead of painting or sculpture, both of which I did fairly well, I could invent dresses or costumes. Dress designing, incidentally, is to me not a profession but an art» (zitiert nach ebd.).

43 In Schiaparellis Abwesenheit hatte die Chefin ihrer Boutique, Bettina Bergery, die Geschäfte für sie fortgeführt. Zwischen 1947 und 1951 arbeitete Hubert de Givenchy für die Schiaparelli. Wenig später wurde er selbst als Designer berühmt.

44 Vgl. *New York Times*, 13. 11. 2001.

45 «J'ai mis quatre heures pour trouver la solution, mais j'y suis parvenu» (in: Jacqueline Demornex: *Madeleine Vionnet*, Paris 1990, S. 117).

46 «Tu ne peux pas/.../Le chauffeur est allé chercher mon essayeuse chez elle» (ebd.).

47 «[...] she created some of the most beautiful dresses ever made», Steele, S. 59.

48 «The most important dressmaker of the twentieth century», ebd., S. 54.

49 «Si l'on peut dire qu'il existe actuellement une école Vionnet, c'est surtout parce que je me suis montrée une ennemie de la mode. Il y a dans les caprices saisonniers, fugitifs, un élément superficiel, instable, qui choque mon sens de la beauté», in: Demornex, S. 137.

50 «J'ai cherché toute ma vie à être le médecin de la ligne, et en tant que médecin, j'aurais voulu imposer à toutes mes clientes le respect de leur corps, la pratique d'exercises, d'une hygiène rigoureuse qui les débarassaient à jamais des armures qui les déforment» (ebd.).

51 Steele, S. 61.

52 «I have never made dresses for myself, except sack dresses» (ebd.).

53 Ingrid Loscheks Modelexikon gibt Aubervilliers als Geburtsort an, doch Demornex präzisiert dies (S. 21).

54 Die vier Schwestern – Marie, Marthe, Régine und Josephine Callot – arbeiteten zunächst als Putzmacherinnen, bevor drei von ihnen einen eigenen Modesalon eröffneten und fortan aufwändige Kleider kreierten. Das Atelier zählte zu den angesehensten seinerzeit (vgl. auch Lehnert, S. 68 f.).

55 Demornex, S. 27. Vgl. auch Lehnert, S. 107.

56 Ebd., S. 49.

57 «I thought that the statue of Nike had been reincarnated in the dresses by Vionnet. She had captured the most beautiful aspect of classical Greek asthetics: the body and movement» (in: *Fashion Capital*, 5. 3. 2003).

58 «She looked like a governess, but she made other women look like goddesses» (Steele, S. 54).

59 Lehnert, S. 107.

60 So nennt es Karin Schick in ihrem Aufsatz *Kunst als Hülle und Raum bei Sonia Delaunay*, in: *Robert Delaunay – Sonia Delaunay*, Ausstellungskatalog Hamburger Kunsthalle, 1998, S. 23–29.

61 «Claire McCardell is probably the most important American ready-to-wear designer of the twentieth century. It is her name, in particular, that is associated with the phenomenon known als ‹The American Look›. Paris had Chanel, America had McCardell», Steele, S. 103.

62 Vgl. Kohle Yohannan, Nancy Nolf: *Claire McCardell. Redefining Modernism*, New York 1998.

63 Natürlich arbeiteten viele der Modemacherinnen – oft im Hintergrund – weiter. In Rom etwa gab es einige adlige Gesellschaftsdamen, die recht erfolgreich ein Couture-Atelier führten. Es gelang jedoch keiner Designerin, außer der nach Paris zurückgekehrten Chanel, Modegeschichte zu schreiben.

64 Neben Dior gab es noch einen weiteren Superstar, den Designer Jacques Fath. Jener war hochbegabt und explizit der Auffassung, daß Frauen nur schlechte Modemacher sein könnten («Die einzige Rolle, die Frauen in der Mode spielen sollten, ist, Kleider zu tragen», zitiert ihn Steele, S. 114).

65 Der Einfluß von Yves Saint Laurent auf die Entwicklung der Modegeschichte kann gar nicht hoch genug eingeschätzt werden. Er ist neben Coco Chanel wohl der bedeutendste Modemacher des 20. Jahrhunderts und schuf eine geniale Mischung aus Couture und Prêt-à-porter. Er markiert mit seiner Person den Übergang zwischen beiden.

III. Durchbruch: Chanels Töchter

1 Ob Mary Quant wirklich als erste den Minirock lancierte, ist umstritten. Auch der Franzose André Courrèges beanspruchte dies für sich.

Sicher ist allerdings, daß sie ihn maßgeblich durchsetzte. Sie selbst meinte, die jungen Mädchen auf der Straße hätten den Minirock erfunden (vgl. François Baudot: *Die Mode im 20. Jahrhundert*, München 1999, S. 224).

2 Ingrid Sischy: *Magier der Mode. Donna Karan New York*, München 1998, S. 11.

3 «Until the day I die I will be a guilty mother», Steele, S. 195.

4 Sischy, S. 76.

5 «She called me up at five in the morning, and she said, ‹Julie, I'm going into labor. Could you come over?› So I said, ‹If you're going into labor, your husband is there, what do you need me for?› But she said she wanted to give me notes for the office. So I got there at 6:00 a.m., and she was holding on to a chair timing her contractions. In between she was giving me notes about the clothes», Steele, S. 193 f.

6 Jordan Mejias: *Donna Karan*, in: *FAZ-Magazin*, 7.7. 1995.

7 Vgl. Ingeborg Ledermann: *La Prima Donna*, in: *Textilwirtschaft*, 23.5. 1996.

8 Vgl. *WWD*, 7.6. 2004.

9 Vgl. *Textilwirtschaft*, 1.1. 1998.

10 Ebd.

11 «A tall slim man with a calm that served to balance his wife's frenetic personality», vgl. *New York Times*, 11.7. 2001.

12 «I cannot imagine the New York fashion scene without her. She is strong enough for another 20 years of success (with her new haircut). I think she is the most important American woman fashion designer after Claire McCardell» (*WWD*, 24.5. 2004).

13 «Fashion is not a glamorous profession. What can really be glamorous about a rag you put between your legs? Fashion's a business» (1974), zitiert in *WWD*, 24.5. 2004.

14 Dirk van Versendaal: *Die Chefin ist wieder da*, in: *Stern*, 28.5. 2003.

15 In einem Interview mit der *Zeit* gab die Designerin selbst eher vage Auskunft über die Motive für den Verkauf von 75 Prozent der Stammaktien und 15 Prozent der Vorzugsaktien an Prada. Eines der klareren Statements lautete: «Man muss eins sehen: Als ich vor zehn Jahren an die Börse ging, war auch das ein Schritt, der Risiken barg. Wir müssen im Weltmarkt bestehen, denn wir sind inzwischen zu groß geworden, um noch ein Nischenprodukt zu sein. Ich möchte nicht immer den Karren allein ziehen. Und mir kommt es so vor, als hätte ich zum ersten Mal in meinem Leben richtig Muskeln neben mir. Das ist für mich sehr wichtig» (*Die Zeit*, 2.10. 1999).

16 Jil Sander: *Die rasante Entwicklung der Mode*, in: Reinhard Appel (Hrsg.): *50 Jahre Bundesrepublik. Erinnerungen und Perspektiven*, Köln 1999, S. 186–189.

17 Ebd., S. 188.

18 Loschek, S. 186.

19 Der amerikanische Star-Journalist Bob Colacello zeichnete in einem grundlegenden Artikel zu Sander exakt dieses Bild von ihr und zitiert einen ihrer alten Weggefährten, den früheren *Stern*-Chefredakteur Werner Funk: «Jil is tough *and* tender» (Bob Colacello: *The Queen of Less Wants More*, in: *Vanity Fair* 10/1994, S. 201 ff., S. 205).

20 «But when she opened the shop, she said ‹I can't call it Heidi Sander. It's so German, so sweet›» (ebd., S. 266).

21 Vgl. *TextilWirtschaft*, 29. 5. 2003.

22 In: *Frankfurter Allgemeine Zeitung*, 27. 11. 2003.

23 «The mid-'90 are beginning to feel like Jil Sander's time. Her clothes are versatile, long-lasting, understated, and beautifully made; her business operation lean, streamlined, controlled, globally responsive. Sander has been this way for quite some time. Only this season the fashion world, America in particular, has finally noticed it in a big way», in: Sarah Mower: *A Woman of Substance*, in: *Harper's Bazaar*, 2/1994, S. 176 ff.

24 Vgl. Amanda Kaiser: *Sander and Bertelli Split Again*, in: *WWD*, 17.11. 2004.

25 Gabriele Strehle: *Ob ich das schaffe*, Text von Eva Gesine Baur, Stuttgart/München 2. Auflage 2002.

26 Uschka Pittroff: *Besuch im Mode-Olymp*, in: *Petra* 4/1998, S. 110–116.

27 Strehle, S. 17.

28 Ebd., S. 18.

29 Eugenio Montale: *I limoni*, in: Eugenio Montale: *Tutte le poesie*, Mailand 1984.

30 Strehle, S. 188.

31 Ebd., S. 41.

32 So berichtete es *Die Woche* (Nr. 48 vom 22. 11. 1996).

33 In einer im Februar 2000 von der Strenesse AG herausgegebenen Presseerklärung hieß es, ein Börsengang sei «in den nächsten drei bis fünf Jahren geplant». Bis heute ist dieser – wohl aufgrund der stark veränderten Marktbedingungen – allerdings nicht erfolgt. Börsengänge, die frisches Kapital in eine Firma bringen sollen, sind in Deutschland seit einigen Jahren selten geworden, auch wenn sie meist ausschlaggebendes Motiv bei der Gründung einer AG sind.

34 Vgl. hierzu ebd.

35 Strehle selbst hat in einem umfassenden Interview mit der Zeitschrift *Bolero* einmal über Donna Karan gesagt, sie sei die «einzige amerikanische Designerin, die eine eigene Sprache spricht». «Sie ist die Frau, die mit der Hautigkeit und Weiblichkeit von Frauen in der ganzen Fülle umgehen kann. Sogar sehr spielerisch damit umgehen kann. Sie hat für mich echt Bewegung in die Mode gebracht, aber nur mit ihrer Linie Donna

Karan» (Sithara Atasoy: *Gabriele Strehle. Der Reiz der Schlichtheit*, in: *Bolero* 8/August 1998, S. 82 ff.). Einiges ihrer Beschreibung der Kollegin trifft verblüffend auf sie selbst zu.

36 Vgl. Strehle, S. 81.

37 Vgl. den Beitrag über Modedesignerinnen von Ursula Harbrecht in: *Marie Claire*, Mai 1998, S. 111–125.

38 Das Geschäft an der Rue St. Honoré ist ein sogenannter Concept Store. In verschiedenen Bereichen – Mode, Accessoires, Kosmetik, Bücher, CDs, Inneneinrichtung und einem Restaurant mit Mineralwasserbar – versammeln die Macher von Colette eine kleine elitäre Auwahl von Artikeln, die sie als wegweisend empfinden. Sogenannte *fashion victims* vertrauen Colette fast blind. Was hier hängt oder steht, ist angesagt.

39 Diese Philosophie überträgt sie im übrigen auch auf die Herrenkollektion. Zu dem britischen Magazin *Spruce* sagte sie über ihre Männermode: «The craftmanship needs to be perfect, but the look must not signal perfection. Otherwise it would lose personality, as perfection is often cold. What I want is to be imperfect with perfection» (Anne Urbauer: *Reality Check*, in: *Spruce*, 2. 3. 2002, S. 97–102, Zitat auf S. 100).

40 Lauren Weisberger: *The Devil Wears Prada*, New York 2003 (deutsche Ausgabe: *Der Teufel trägt Prada*, übersetzt von Regina Rawlinson u. Martina Tichy, München 2004).

41 «But anyone who has wandered into one of Prada's hundred and sixty-five-stores – the walls painted identically, in minty shades of green – would have to acknowledge that she has changed the way that many people think about clothes», in: Michael Specter: *The Designer*, in: *The New Yorker*, 15. 3. 2004, S. 104–115 (Zitat auf S. 106). Specters Artikel ist wohl der beste der zahlreichen, in den vergangenen Jahren erschienenen Beiträge zu Prada.

42 «I raised two children. For fifteen years, that is what I did at night and every free moment. I never travelled, I never went out. [...] I don't regret that for one minute» (Specter, S. 112).

43 Vgl. die Beschreibung von Ingrid Sischy in ihrem Text *The Rebel in Prada*, in: *Vanity Fair*, 1. 2. 2002, S. 88 ff.

44 «Just as the distance she keeps from the more flashy element of the industry gives the Prada brands a more discret cachet that is ultimately more powerful, so her rigourous and rather oblique approach to fashion gives her clothes a kind of integrity sometimes lacking in other designers' work. I suggest that the art of seduction involves precisely this business of giving something, but holding a little back» (James Collard: *Less Is Much More*, in: *Interview*, S. 16–22, Zitat auf S. 21).

45 «I remember being mad about having a pair of pink shoes. I grew up envying pink shoes», in: Susannah Frankel: *The Feeling Is Miuccia*, in: *The Independent Magazine*, 21. 2. 2004, S. 20–26, Zitat auf S. 20.

46 «No problems with my family. Not so much fun. Not happiness. Neutral. Two brothers. Three children» (ebd., S. 23).

47 «I have a kind of complex of this work being superficial and dumb. It's my personal drama. Not the world's. Everyone who is smart says they hate fashion, that it's such a waste of time. [...] But *somebody* must be interested, because when I go to the stores the people are there. [...] I make clothes. It's silly. But it's my job» (Specter, S. 106).

48 Loschek, S. 167. Vgl. auch Lehnerts Kapitel «Ärmlicher Luxus» (S. 166 ff.), wo Pradas Erfolg zu Unrecht auf den «Schock des Häßlichen» reduziert wird.

49 «He has an incredible sense of what is right or not. I have never understood his way of mental process. It is completely different from mine, but at the end, more or less, we have the same idea» (Collard, S. 21).

50 Vgl. *WWD*, 16.4. 2004.

51 Vgl. in diesem Zusammenhang auch Alice Rawstorn: *Would You Buy a Bag from this Man*, in: *Harper's Bazaar* 9/2000, S. 492 ff.

52 «As an integral part of the world of contemporary living, shopping has to be understood as a singular experience in which culture and consumerism flow together» (Pressetext von Prada anläßlich der Eröffnung des Epicenter in Los Angeles im Juli 2004).

53 Im Epicenter in Los Angeles hingegen gibt es «magische Spiegel», in denen der Kunde sich gleichzeitig von vorne und von hinten betrachten kann.

54 «For me, and I think for many women, I want to be many different things, live many different lives. I want to be a mother; I want, possibly, to be a lover. So I have to compromise – which seems an awful word, but I think it is the key to being happier» (Charles Gandee/Miuccia Prada (Interview): *1990 s*, in: *Vogue* (USA), 11/1999, S. 498 f.).

IV. Ausbruch: Rebellion der Designerinnen

1 «I try to relate fashion to the really important things in life, like politics and young people on the streets. Clothes are the only way most people can express themselves. Fashion is an emotion and people want to wear what they want to feel», Steele, S. 158.

2 *I-D*, No. 50, August 1987.

3 *Die Welt*, 22.4. 2004.

4 «Dressing in Westwood was never really just about clothes, it was about adopting an ideology» (Paul Flynn: *At Her Majesty's*, in: *i-D*, *The Location Issue*, No. 242, S. 152 ff.).

5 Vgl. Steele, S. 153.

6 Lehnert, S. 193.

7 Vgl. *Telegraph Magazine*, 21.2. 2004.

8 Es spricht für Westwood, daß sie dieses, auch als sie längst ungleich berühmter als McLaren war, auch so darstellte. Selbst die Modegeschichte machende Idee, den BH über der Oberbekleidung zu tragen (in der 1982 gezeigten Kollektion *Nostalgia of Mud*), sei von ihm gekommen (ebd.).
9 Gene Krell: *Magier der Mode. Vivienne Westwood*, München 1997, S. 6 f.
10 Ebd., S. 10.
11 Vgl. Claire Wilcox: *Vivienne Westwood* (Ausstellungskatalog), London 2004, S. 12.
12 «My job is always to confront the Establishment to try and find out where freedom lies and what you can do: the most obvious way I did that was through the porn T-shirts» (ebd.).
13 Vgl. Krell, S. 10 f.
14 McLaren hingegen sieht die *Sex Pistols* als seine Schöpfung an («egal, was Johnny Rotten behaupten mag»). In einem Interview vor wenigen Jahren betonte er: «Ich habe den Namen Sex Pistols erfunden, die Texte wurden von mir und meinem Team geschrieben.» In demselben Gespräch sagte er auch, daß die Ursprünge des Punk in der Mode lägen (*Die Zeit*, 21. 11. 2001).
15 Vgl. Krell, S. 13.
16 Loschek, S. 215.
17 Einen ähnlich starken Einfluß auf ihr Schaffen besitzt nur das Werk Christian Diors.
18 «Fashion design is like mathematics. You have a vocabulary of ideas, which you have to add and subtract from each other in order to come up with an equation that is right for the times» (*i-D*, No. 50, August 1997).
19 Dazu paßt auch, dass Westwood ihre Kleidung in Italien fertigen läßt, das mit seiner ebenfalls langen Expertise in Sachen Herrenmode England inzwischen den Rang abgelaufen hat. Westwood gilt sowohl in der Anfertigung ihrer Schnitte als auch bei der Wahl der Stoffe als «Qualitätsfreak».
20 Lehnert, S. 199.
21 «I've never thought it powerful to look like a man. Feminity is stronger and I don't understand why people keep plugging this boring asexual body» (*i-D*, No. 33, Februar 1986).
22 Vgl. Wilcox, S. 146.
23 Allerdings haben Designer wie Christian Lacroix wiederholt auf den Einfluss von Westwoods Ideen auf ihre Entwürfe hingewiesen. John Fairchild, einer der international einflußreichsten Modekritiker, zählte sie 1989 in seinem Buch *Chic Savages* sogar (neben Giorgio Armani, Karl Lagerfeld, Yves Saint Laurent, Christian Lacroix und Emanuel Ungaro) zu den sechs besten Designern der Welt.

24 Das Stück wurde 1997 in New York uraufgeführt, Kawakubo schuf hierfür auch das Raum- und Beleuchtungskonzept.

25 Auch Sehgewohnheiten werden dabei in Frage gestellt und eine ganz neue Art der Betrachtung verlangt. «Da sucht das Auge wie bei den Ausschneidebögen für kleine Mädchen nach der Stelle, wo das Vorderteil in das Rückenteil gesteckt und wo der Kragen eingepaßt werden kann. Doch genauso, wie das Auge sich allmählich an die Dunkelheit gewöhnt, muß es sich hier an das Volumen gewöhnen und sich das Kleidungsstück als etwas Bewegtes, Getragenes und Bewohntes vorstellen [...]», schreibt die Modehistorikerin France Grand (France Grand: *Magier der Mode. Comme des Garçons*, München 1998, S. 11).

26 Vgl. Steele, S. 183.

27 Kawakubo selbst hat allerdings erklärt, der Name sei eher zufällig gewählt worden, um seines schönen Klanges willen.

28 Vgl. hierzu auch Anne Hollanders schon erwähntes Buch *Anzug und Eros*.

29 «The goal for [every woman] should be to make her own living and to support herself, to be self-sufficient.» «They [the clothes] are working for modern women. Women who do not need to assure their happiness by looking sexy to men, by emphasizing their figures, but who attract them with their minds», Steele, S. 185.

30 Auch dieser Gestus – wie so viele andere Haltungen Kawakubos – wurde stark von jungen, sich selbst als avantgardistisch vermarktenden Designern in den vergangenen Jahren aufgenommen.

31 Dennoch hat die Designerin ein eindrucksvolles Imperium mit Läden rund um den Globus aufgebaut. Neben Herren- und Damenmode hat sie auch Möbel entworfen, zudem gibt es verschiedene Düfte von ihr. Das *Time*-Magazin zählte sie 2004 zu den zehn mächtigsten Frauen im Modebusiness.

32 So berichtet es Loschek, S. 107.

33 Bis heute spricht man in diesem Zusammenhang von der Ankunft der «Japaner». Auch Kawakubos Kollegen Yohji Yamamoto und Issey Miyake nahmen einen enormen Einfluß auf die Entwicklung der Pariser Szene. Der Schock, den gerade Comme des Garçons auslöste, war dabei wahrscheinlich nicht primäre Absicht. Er war schlicht ein «Nebenprodukt» der Schau eines radikal anderen Kulturverständnisses.

34 Vgl. hierzu Harold Koda: *Rei Kawakubo and the Aesthetics of Poverty*, in: *Dress*, New York 1985, sowie Harold Koda/Richard Martin/Laura Sinderbrand (Hrsg.): *Three Women: Madeleine Vionnet, Claire McCardell, and Rei Kawakubo*, New York 1987.

35 Vinken, S. 122.

36 Ebd.

37 Vgl. Grand, S. 77.

38 «I didn't want to do what is decided, what is laid down» (vgl. Suzy Menkes: *Kawakubo's Commune: A Retail Rebellion*, in: *International Herald Tribune*, 7.11.2004).

39 Grand, S. 13.

V. Umbruch: Modefrauen der Zukunft

1 Vgl. Amy M. Spindler: *Stella McCartney: Ready for Chloé*, in: *New York Times*, 22.4.1997.

2 Ian Phillips: *Nice One Stella*, in: *Independent on Sunday Review*, 12.4.1998.

3 «I think they should have taken a big name. They did – but in music, not fashion. Let's hope she is as gifted as her father» (zitiert nach Spindler. Der Satz wurde später noch häufig angeführt, als Lagerfeld schon längst nicht mehr lästerte).

4 Zur Richemont-Gruppe (deren Luxusbereich bis vor kurzem unter Vendôme firmierte) gehören – neben Chloé – andere Spitzenmarken wie Cartier, Montblanc oder Piaget.

5 Georgina Howell: *Stella in the Sky*, in: *Vogue*, 1.1.1998, S. 125 ff.

6 «Sure, it opens doors, but it doesn't design the collection for you...» (vgl. Lesley White: *Maybe I'm Amazed*, in: *Sunday Times Magazine*, 8.3.1998, S. 30 ff.).

7 «McCartney and Alexander McQueen were like art students insisting on learning to draw» (David Owen: *Going Solo*, in: *The New Yorker*, 17.9.2001, S. 130–139, Zitat auf S. 136).

8 Vgl. White.

9 Ebd.

10 Vgl. *Daily Mail*, 7.12.1996.

11 Vgl. Owen, S. 130.

12 «My mum was just really cool. You don't get chicks like that now – high-profile wives like that. They're all so manicured, aren't they? Even the ones that are trying to be punk have all had tit jobs and nose jobs. She wasn't like that at all. ... That kind of mixture pretty much became my philosophy» (ebd., S. 135 f.).

13 Vgl. Katherine Betts: *Paris's New Showgirl*, in: *Vogue* (USA) 9/1997, S. 662.

14 «I would really hope that after all this time, women, after all of the battles that we have had, feel confident enough to wear what they want to wear and not to be dictated to» (*Sunday Telegraph Magazine*, 21.2.1999).

15 Vgl. *Welt am Sonntag*, 19.9.2004.

16 Ebd.

17 *Cosmopolitan*, 1.4.1998.

18 Vgl. *Die Welt*, 2. 11. 2004.

19 Ebd.

20 «There was never a defining moment where I wanted to become a fashion designer. ... But I was always perched in a creative direction because academically I was weak» (Ginia Bellafante: *At Chloé, Sales Are Up and the Designs Are Easy*, in: *New York Times*, 13. 4. 2004).

21 «Quite tailored and elegant, but the styling was quite the opposite – sort of about Puerto Rican gang bitches» (Sarah Mower: *Moll made good*, in: *Telegraph Magazine*, 30. 11. 2002, S. 36–41).

22 «The older I get and the more collections I do, the more I'm driven by real style and beauty. My aim is to reveal and not to display women» (ebd.).

23 Vgl. *WWD*, 6. 10. 2004.

VI. Einbruch: Stilbilder ohne Schnittvorgaben

1 Vgl. Bernd Skupin: *Viva Diana*, in: *Vogue*, 12/2001, S. 122–130, Zitat auf S. 128, vgl. zu der Episode auch: Diana Vreeland: *D. V.*, Da Capo Press 1997 (Erstausgabe: New York 1984), S. 88 ff.

2 Sie schrieb sogar Filmgeschichte. Diana Vreeland gilt als Vorbild der exzentrischen Moderedakteurin, die in dem Film *Funny Face* von 1956 den Ausdruck «Think Pink» prägt.

3 Snows Einfluß ging so weit, daß sie es 1946 schaffte, eine neue Richtung zu etablieren. Als Christian Dior seine erste Kollektion präsentierte, prägte sie begeistert den Ausdruck «New Look», der zum Erfolg der Linie maßgeblich beitrug.

4 Woolman Chase hatte schon 1951 als Chefredakteurin abgedankt.

5 «The colors! Before then, red had never been red and violet had never been violet. They were always slightly... grayed. But these women's clothes in the Bois were of colors as sharp as a knife: red red, *violent* orange, orange – when I say ‹orange› I mean *red* orange, not yellow orange – jade green and cobalt blue» (*D. V.*, S. 14).

6 «Never fear being vulgar, just boring, middle-class or dull» (Steele, S. 130).

7 «She was and remains the only genius fashion editor» [...] «The designers... [and] the fashionable world had to *follow* her» (ebd.).

8 «Give them what they never know they wanted» (ebd.).

9 Gerade bei Lauren Hutton und Jane Birkin bewies sie ein unglaubliches Gespür für den Zeitgeist. In ihren Memos an die Mitarbeiter mahnt sie wiederholt an, Hutton mehr herauszustellen, und schrieb 1970 über Birkin: «Jane Birkin ist das attraktivste moderne Mädchen, das ich je gesehen habe» «[...] no question she is the most attractive modern girl I have ever seen in my life», in: *Vreeland Memos* (*Visionaire* 37,1/2002), Eintrag vom 24. 3. 1970).

10 «I was whiter than white. My dress was white, naturally. And then the reds were *something*. I had velvet slippers that were *lacquer* red. I carried red camellias. In those days everyone sent flowers, and I'd received something like fifty bouquets» in: *D. V.*, S. 27.

11 «RE: Pearls. I am extremely disappointed to see that we have used practically no pearls at all in the past few issues. In fact, many necklines could have been helped by pearls worn inside the dress that show inside the cutaway sides and back of most ordinary dresses on top ... I speak of this very often – and as soon as I stop speaking the pearls disappear. Nothing gives the luxury of pearls. Please keep them in mind» (in: *Vreeland Memos*).

12 Vgl. Stefanie Schütte: *Betrifft: Perlen*, in: *Frankfurter Allgemeine Sonntagszeitung*, 10. 3. 2002.

13 «Mom never liked to appear unless she was at full gallop» (*D. V.*, S. XI).

14 «She has the star quality», vgl. Robin Pogrebin: *Anna's World*, in: *New York Times*, 17. 11. 1997.

15 Jerry Oppenheimer: *Front Row. Anna Wintour: The Cool Life and Hot Times of* Vogue's *Editor in Chief*, New York 2005.

16 «To her, all of this was just life-and-death-stuff», Oppenheimer, S. 122.

Literatur

Sithara Atasoy: *Gabriele Strehle. Der Reiz der Schlichtheit*, in: *Bolero* 8/ August 1998, S. 82 ff.

François Baudot: *Magier der Mode. Schiaparelli*, München 1997.

François Baudot: *Die Mode im 20. Jahrhundert*, München 1999.

Dilys E. Blum: *The Art and Fashion of Elsa Schiaparelli*, Philadelphia Museum of Art 2004.

Silvia Bovenschen (Hrsg.): *Die Listen der Mode*, Frankfurt am Main 1986.

Edmonde Charles-Roux: *Le Temps Chanel*, Paris 1979.

Farid Chenoune: *Magier der Mode. Jean Paul Gaultier*, München 1996.

Bob Colacello: *The Queen of Less Wants More*, in: *Vanity Fair* 10/1994.

James Collard: *Less Is Much More*, in: *Interview*, S. 16–22.

Robert Delaunay – Sonia Delaunay, Ausstellungskatalog Hamburger Kunsthalle, 1998

Jacqueline Demornex: *Madeleine Vionnet*, Paris 1990.

Susannah Frankel: *The Feeling Is Miuccia*, in: *The Independent Magazine*, 21. 2. 2004, S. 20–26.

France Grand: *Magier der Mode. Comme des Garçons*, München 1998.

Anne Hollander: *Anzug und Eros*, Berlin 1995.

Harold Koda/Richard Martin/Laura Sinderbrand (Hrsg.): *Three Women: Madeleine Vionnet, Claire McCardell, and Rei Kawakubo*, New York 1987.

Gene Krell: *Magier der Mode. Vivienne Westwood*, München 1997.

Gertrud Lehnert: *Frauen machen Mode*, Dortmund 1998.

Ingrid Loschek: *ModeDesigner*, München 2002.

Axel Madsen: *Chanel. Die Geschichte einer emanzipierten Frau*, München 2001.

Jordan Mejias: *Donna Karan*, in: *FAZ-Magazin*, 7. 7. 1995.

Eugenio Montale: *Tutte le poesie*, Mailand 1984.

Sarah Mower: *A Woman of Substance*, in: *Harper's Bazaar*, 2/1994, S. 176 ff.

Sarah Mower: *Moll made good*, in: *Telegraph Magazine*, 30. 11. 2002, S. 36–41.

Jerry Oppenheimer: *Front Row. Anna Wintour: The Cool Life and Hot Times of* Vogue's *Editor in Chief*, New York 2005.

David Owen: *Going Solo*, in: *The New Yorker*, 17.9.2001, S. 130–139.
Jil Sander: *Die rasante Entwicklung der Mode*, in: Reinhard Appel (Hrsg.): *50 Jahre Bundesrepublik. Erinnerungen und Perspektiven*, Köln 1999, S. 186–189.
Elsa Schiaparelli: *Shocking Life*, New York 1954.
Ingrid Sischy: *Magier der Mode. Donna Karan New York*, München 1998.
Ingrid Sischy: *The Rebel in Prada*, in: *Vanity Fair*, 1.2.2002, S. 88 ff.
Bernd Skupin: *Viva Diana*, in: *Vogue*, 12/2001, S. 122–130.
Michael Specter: *The Designer*, in: *The New Yorker*, 15.3.2004, S. 104–115.
Valerie Steele: *Women of Fashion*, New York 1991.
Gabriele Strehle: *Ob ich das schaffe*, Text von Eva Gesine Baur, Stuttgart/München 2. Auflage 2002.
Anne Urbauer: *Reality Check*, in: *Spruce*, 2.3.2002, S. 97–102.
Dirk van Versendaal: *Die Chefin ist wieder da*, in: *Stern*, 28.5.2003.
Barbara Vinken: *Mode nach der Mode*, Frankfurt am Main 1993.
Diana Vreeland: *D.V.*, Da Capo Press 1997 (Erstausgabe: New York 1984).
Vreeland Memos (*Visionaire* 37,1/2002).
Lauren Weisberger: *The Devil Wears Prada*, New York 2003.
Lesley White: *Maybe I'm Amazed*, in: *Sunday Times Magazine*, 8.3.1998, S. 30 ff.
Claire Wilcox: *Vivienne Westwood* (Ausstellungskatalog), London 2004, S. 12.

Bildnachweis

Arizona, Center for Creative Photography 58 (Louise Dahl-Wolfe)
Bonn, VG Bild-Kunst (© Man Ray Trust, Paris) 22
Frankfurt, dpa 145
Hamburg, © Jil Sander AG 75 (Giovanni Giannoni)
Hamburg, Martin Veit 81, 136, 147
London, Vivienne Westwood 130 (Gianpaolo Barbieri)
London, Vivienne Westwood (über Schoeller & von Rehlingen, München) 120
Mailand, Prada 103, 108, 112
München, Christin Losta 65, 69
München, Getty Images 161 (Don Higan Charles), 167 (Paul Hawthorne)
München, Strenesse AG 90, 94, 101
Paris, Chanel S.A.S. 25
Paris, Chloé 155, 156 (© Corinne Day)

Abbildungen wurden folgenden Werken entnommen:
François Baudot: *Schiaparelli*, München 1997 35 (© Teddy Piaz), 39 (© Horst P. Horst)
Jacqueline Demornex: *Madeleine Vionnet*, Paris 1990 45 (© Patricia Canino), 49 (© Condé Nast), 51
Walter van Beirendonck, Luc Derycke: *Fashion 2001 Landed*, Antwerpen 2001 10 (© Ali Mahdavi)
Gene Krell: *Magier der Mode – Vivienne Westwood*, München 1997 118 (© Gianpaolo Barbieri)
Paul Morand: *Die Kunst, Chanel zu sein,* München 1998 22
Valerie Steele: *Women of Fashion – Twentieth Century Designers*, New York 1991 58, 66 (© Dennis Piel)

Leider war es nicht in allen Fällen möglich, die Inhaber der Rechte zu ermitteln. Es wird deshalb gegebenenfalls um Mitteilung gebeten.

Personenregister